公共图书馆服务管理创新研究

许晔 ◎ 著

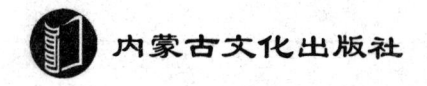

内蒙古文化出版社

图书在版编目（CIP）数据

公共图书馆服务管理创新研究 / 许晔著. -- 呼伦贝尔：内蒙古文化出版社，2024.6
ISBN 978-7-5521-2517-7

Ⅰ.G259.252

中国国家版本馆CIP数据核字第2024EX1227号

公共图书馆服务管理创新研究
许　晔　著

责任编辑	黑　虎
装帧设计	万瑞铭图
出版发行	内蒙古文化出版社
地　　址	呼伦贝尔市海拉尔区河东新春街4付3号
直销热线	0470-8241422　　邮编　021008
印刷装订	天津旭丰源印刷有限公司
开　　本	787mm×1092mm　1/16
印　　张	12.75
字　　数	201千
版　　次	2024年10月第1版
印　　次	2024年10月第1次印刷
标准书号	978-7-5521-2517-7
定　　价	76.00元

版权所有　侵权必究

如出现印装质量问题，请与我社联系。联系电话：0470-8241422

前言

进入 21 世纪以来，我国的图书馆事业以惊人的速度向前发展。以公共图书馆事业为例，大型或特大型图书馆建筑不断涌现，新的技术设备不断引进，图书馆经费、藏书数量和读者服务规模连创新高，社会关注度大大提高，公共图书馆的观念创新、管理创新和服务创新令人目不暇接。在各种创新性举措中，与国家公共文化服务体系建设同步的公共图书馆服务体系建设特别受人关注。

近年来，国家对于文化建设重要性的认识不断加强，为了满足社会公众日益增长的精神文化需求，各级政府都出台了相应的政策以加快文化建设的步伐，尽早建立健全各级公共文化服务体系。公共图书馆作为公共文化服务体系的基石，是涉及最广大群众利益、服务最广泛社会公众的机构，一个建设良好的区域性公共图书馆服务网群，不仅能够提供社会公众所需要的公共文化资源，还能够使图书馆服务惠及区域内更多的社会公众，以实现均等化的公共文化服务。我国公共图书馆服务体系的建设工作是一项长期而艰巨的过程，需要相关部门进一步优化公共图书馆的结构，合理规划公共图书馆的布局，努力促使公共图书馆资源能够获得最大的覆盖面和普及率，让更多的人民群众接受文化的熏陶，享受政府公共文化服务所带来的福利。

目录

第一章 当代图书馆管理 ... 1
第一节 图书馆的经费使用与管理 ... 1
第二节 图书馆的专业队伍管理 ... 3
第三节 图书馆的馆藏文献资源管理 ... 5

第二章 图书馆管理创新 ... 8
第一节 我国图书馆管理创新现状及思路 ... 8
第二节 我国图书馆管理创新环境 ... 16
第三节 管理创新与我国图书馆的可持续发展 ... 20
第四节 基于分布式管理的图书馆管理创新 ... 33

第三章 我国现代图书馆行政管理 ... 39
第一节 我国现代图书馆的行政管理简析 ... 39
第二节 我国现代图书馆的组织结构与管理者 ... 43
第三节 我国现代图书馆人力资源与财务管理 ... 54

第四章 图书馆服务管理 ... 78
第一节 图书馆服务的特征 ... 78
第二节 图书馆用户服务管理 ... 86
第三节 图书馆服务管理的主要内容 ... 92
第四节 图书馆服务管理的要求 ... 98

第五章 现代图书馆数字化建设与管理 ... 108
第一节 图书馆自动化系统的建设与管理 ... 108
第二节 数字图书馆的建设与管理 ... 113
第三节 图书馆特色数据库的建设与管理 ... 122
第四节 图书馆网络的管理 ... 128

第六章 现代图书馆读者服务及其转型 ... 158

第一节 现代图书馆服务的理念 158
　　第二节 图书馆服务的对象及其需求 162
　　第三节 现代图书馆服务的转型 166
　　第四节 图书馆服务共享 169

第七章 图书馆信息服务及其建设 175
　　第一节 信息服务概述 175
　　第二节 图书馆信息服务的发展与演变 181
　　第三节 现代图书馆的信息服务手段与服务质量 186
　　第四节 互联网时代的图书馆信息服务 191

参考文献 196

第一章 当代图书馆管理

第一节 图书馆的经费使用与管理

我国公共图书馆的经费主要靠国家财政拨款。在公共图书馆系统，国家给图书馆的财政拨款既包括了图书馆工作人员的工资部分，也包括了书刊采购（采访）费。在前些年，由于国家的经济实力还不是很强盛，政府给公共图书馆的财政拨款是很有限的，除了能够保证图书馆工作人员的工资即"人头费"外，几乎就没有什么钱来买书刊了。因此，很多公共图书馆举步维艰，不得不搞起各种各样的"副业"，诸如开商店、播放影视等，以弥补国家财政拨款之不足。由此可见，图书馆的经费是图书馆的命脉，使用好、管理好图书馆的经费是何等的重要。

相对来讲，就这样学校系统的图书馆，尤其是高校图书馆，其经费是相对较为宽裕的。学校能够划拨给图书馆的书刊购置费还是很有限的。图书馆面临书刊市场价格不断上涨的局面，在使用经费时往往捉襟见肘，顾得了买图书就顾不了买报纸和杂志；顾得了买中文书刊就顾不了买外文书刊，使得许多中外文书刊文献的采购（采访）一减再减，很多中外文文献资源残缺不全。在当时，高校图书馆在使用和管理好经费方面，真是煞费苦心。

进入 21 世纪，我国的经济建设取得了巨大成就，国家的经济实力大大地提高，国家对图书馆事业的投入也增加了。国家经济的发展，也促进了教育事业的发展。学校图书馆，尤其是高校图书馆的面貌也发生了巨大的变化。部分高校的图书馆已经一再地扩建或重建了新馆，许多高校的图书馆规模越建越宏大。由于国家要定期对高校进行教学质量评估，而评估的内容之一，就是图书馆的办馆条件，如藏书数量、馆舍面积、阅览座位等，因此，各所高校对图书馆的建设越来越重视，学校划拨给图书馆的经费也越来越多。高校图书馆面临最好的发展时机，尤其对于原先基础较差的高校图书馆来说，更是一次发展的大好机会。但是，高校图书馆在此种大好形势下，也应该使用好、管理好手中的钱，使学校划拨给图书馆的经费发挥出最大的经济效益。

首先，要建好图书馆馆舍。根据学校未来发展的需要，尽可能地把图书馆的面积建得大一些。即使在学校招生规模扩大的情况下，也能达到国家规定的图书馆馆舍面积标准。

其次，为了达到国家规定的评估标准，高校图书馆要把经费主要用于购买文献资源。一要尽量多买图书，迅速增加馆藏数量。尤其是要多买中文图书，因为中文图书和外文图书相比，价格更便宜，而且读者更多，利用率更高。二要尽量增加馆藏图书的种类，同一种图书的复本量不宜太多。要根据学校的发展规划，尽量多买学校新开设的专业和将要开设的各个专业方面的图书资料。避免和杜绝钱多了就乱买乱采的现象。三期刊应以订购中文报纸和杂志为主，适当订购部分外文核心专业期刊。

值得一提的是，随着我国进入市场经济时代，在书刊采购（采访）工作中，要坚决防止和杜绝收受回扣等商业贿赂行为。加强监督和管理工作，坚决查处和严厉打击书刊采购（采访）工作中的各种经济犯罪行为和腐败行为，以免使国家资产遭受损失，使图书馆建设事业遭受破坏。

在经费较多的条件下，图书馆应该及时更新各种设备，例如各种计算机的更新换代。

在经费充裕的条件下，应该进一步改善图书馆的服务条件。阅览座椅应改成软座椅，使读者能够舒适的阅览书刊；要为读者提供饮水等服务设施。

图书馆使用经费采购（采访）书刊文献资源，并不只是为了满足数量的需求，而是为了更好地利用书刊文献资源。因此，在拥有了丰富的文献资源之后，应该想方设法提高书刊文献资源的利用率。而提高书刊文献资源利用率最直接、最有效的方法，就是增加图书馆的开馆服务时间。图书馆在人员充足的情况下，每天应该轮班开馆14小时左右，周末也应该开馆。如果人员不够，图书馆应该安排部分经费，作为员工加班开馆的费用。如果只是把大量的经费用来买书刊，而又不增加开馆服务的时间，使书刊文献资源得不到有效的利用，就是一种浪费资源的做法。

图书馆在经费充裕的条件下，也应该适当改善图书馆的工作条件，例如安装空调设备等。同时也应该适当改善工作人员的福利待遇，例如让轮值当班的员工免费用餐等。

一般来说，除了上级拨款之外，图书馆通过各种方式，也能够筹集到一定数额的资金，例如通过提供上网服务，收取一定的服务费用，等等。图书馆也应该管理好、使用好这部分自筹资金。笔者将在以后的章节中专门探讨这个问题。

第二节 图书馆的专业队伍管理

图书馆的专业队伍，就是长期从事图书馆工作的专业人员队伍，也可以说是图书馆事业的从业人员队伍。图书馆的专业队伍管理，包括图书馆管理人员（馆领导）的产生，图书馆专业人员的招聘、考核、晋升，对于专业人员的奖惩制度，以及实行去劣留优的用人淘汰制度等。图书馆的专业队伍，包括图书馆的管理者（馆领导）和图书馆的专业工作人员。

一、图书馆管理者（馆领导）的产生

图书馆的管理者（馆领导），在进行干部人事制度改革以前，一般都是由上级委派，而且几乎是终身制，一直要工作到离休或退休。在国家实行改革开放，进行干部人事制度改革以后，图书馆的领导有上级委派的，也有公开竞聘上岗担任图书馆领导工作的，并实行任期制。

在过去，上级委派的图书馆领导，大多是资历深、学历高、职称高的颇有名气的人士。他们一般都不是学图书馆专业和从事图书馆工作的，因此，他们并不熟悉图书馆的业务工作。有的人甚至只是挂个名而已。近年来，这种状况有所改变。随着国家干部人事制度的改革，图书馆的领导干部选拔也实行民主推选和公开民主考评。这种干部人事制度的改革，有利于人才的脱颖而出，使真正从事图书馆工作的专业人员有机会、有可能走上图书馆的领导岗位，革除过去那种外行领导和管理内行的弊端。当然，改革是一个循序渐进的过程。

二、图书馆专业人员的招聘

在我国实行改革开放以前，高等教育发展缓慢，各个方面、各种学科

的专业人才都很缺乏。图书馆所需要的各种专业人才更是不多。尤其是图书馆学专业"科班"出身的，更是凤毛麟角。那时候的人事制度也是计划经济时代的做法。工作靠分配，需要的人员也是靠分配。分配到图书馆工作的人员，图书馆学专业毕业的很少。换句话说，在改革开放以前，从事图书专业工作的人员，很多都是从门外汉开始，经过一定时间的培训学习和工作实践以后，才能逐渐成长为图书馆专业人员。

随着我国改革开放的深入发展，我国的经济建设和高等教育都得到了极大的发展。全国各地的高校开设的图书馆学专业越来越多，图书馆所需要的各种专业人才也很多。我国的人事制度和用人、用工制度也发生了极大的变化，再不是计划经济时代的分配制度，而是实行公开招聘的用人、用工制度。用人、用工的公开招聘制度，有利于图书馆专业队伍的建设和管理。图书馆可以通过公开招聘的形式，择优招聘所需要的各种专业人才。图书馆不仅需要具备图书馆学专业知识和专业技能的专业人员，还需要外语专业的人才和计算机等各个方面、各种学科的专业人才。图书馆所需要的各种专业人才，都应该通过公开招聘来择优录用。

三、图书馆专业人员的考核、晋升

图书馆专业人员的晋升，包括管理职务的晋升和专业技术职务（职称）的晋升。管理职务的晋升，包括图书馆领导的选拔任用和图书馆各业务部门、各个班（组）负责人的选拔和任用。

图书馆领导的选拔和任用，要按照上级组织、人事部门的有关规定，按照有关选拔和任用领导干部条件要求，按照一定的考核、选拔程序来产生。

图书馆各业务部门、各个班（组）的负责人，应该在对图书馆专业人员的思想品德、工作能力和工作表现以及工作业绩进行全面考评的基础上来选拔和任用。选拔思想品德好，有敬业精神和奉献精神，有责任心，有能力，有工作业绩的专业骨干人员来担任图书馆各个业务部门和各个班（组）的负责人。也可以采取竞聘上岗的形式，通过公开招聘来择优聘任图书馆各个业务部门和各个班（组）的负责人。

图书馆专业人员可以按照国家有关图书资料专业的技术职务（职称）评审标准来申报评审各级专业技术职务（职称）。图书馆组成有各个层面的专业人员参加的初评委，对各级专业技术职务（职称）的申报人员进行评审推荐,并上报上级评委会评审。申报评审各级专业技术职务(职称)的专业人员,必须具备国家规定的相应的学历条件和履职年限,而且必须具有相应的学识水平,有一定数量的公开发表的论文和论著。这些都是图书馆专业技术人员申报评审各级专业技术职务(职称)必须具有的条件。

四、奖惩制度和淘汰制度

图书馆专业队伍的管理,应该有奖惩制度和淘汰制度。图书馆应该奖励那些工作兢兢业业,认真负责,并且成绩突出的专业人员。'在晋升职务、晋升职称各方面,优先考虑那些优秀的专业技术人员。对于那些对待工作不负责,缺乏敬业精神和奉献精神,经常出现各种责任事故的人和思想品德不好的人,如果屡教不改,应该终止劳动合同,将其辞退。图书馆应该对各级专业技术人员定期进行考评,对于多次考评不合格的人员,应该予以淘汰。不能再像改革开放以前那样,干好干坏一个样,一辈子端"铁饭碗"。

第三节 图书馆的馆藏文献资源管理

图书馆的馆藏文献资源,包括纸版的各种中外文书刊文献、电子版的书刊文献、以及光盘、录像带、磁带、幻灯片等各种音像文献资料。还有随着计算机网络技术的发展和普及,网络上的各种称为"虚拟馆藏"的网络文献资源。如何管理好图书馆的各种馆藏文献资源,使其发挥最大的经济效益,这是值得每个图书馆界的专业人员共同探讨的话题。

一、馆藏纸版文献资源的管理

图书馆收藏的纸版文献资源主要有中外文图书和报纸杂志两大类型。

(一)馆藏中外文图书的管理

我国古代的各种藏书楼、阁,以收藏各种文献为主,极少向公众开放,极少让公众使用所收藏的各种文献。

进入近现代社会以后,随着经济、文化和教育事业的发展,图书馆逐渐取代了各种藏书楼、阁。各种公共图书馆和学校图书馆越来越多。这些图书馆逐渐从以藏为主转向越来越多的为各类读者提供服务。但是,直到20世纪八九十年代,绝大多数图书馆都是采取闭架管理的服务方式。读者只能通过查阅纸质目录卡片来查找所需要的各种图书资料。

在 20 世纪八九十年代以前，图书馆的馆藏文献是这样管理的：

图书文献采购（采访）到馆后，先经过查点验收，再进行分类编目及各种加工处理，然后拨交给流通服务部门。流通服务部门完成新书的排架、上架工作后，才能流通借阅。

在图书的分编加工过程中，要手工印制两套纸质目录卡片。一套供公务使用，称为公务目录，一套供读者查询使用，称为读者目录。公务目录和读者目录可按照书名排列成书名目录，也可按照图书的分类号排列成分类目录。而且要有目录柜、目录室等设施。

这样的馆藏管理方式不仅效率低，而且不便于读者查阅和使用各种馆藏文献资源。

进入 20 世纪 90 年代以后，随着计算机技术和网络技术在图书馆的普遍使用，图书馆的馆藏管理有了新的变化。图书文献采购（采访）到馆后，经过查点验收，再进行分类编目及录入计算机、打印等加工处理，然后拨交给流通服务部门，进入流通借阅。图书的分编过程中不再需要印制纸质目录卡片，不再需要目录柜、目录室等设施。图书在经过分类编目、录入计算机后，即形成图书馆藏数据，读者使用计算机就可以查询图书馆的馆藏文献，而且可以通过分类号、书名、主题词等不同的途径来查询馆藏文献资源，十分方便。但是，这种新的现代化管理方式也有不足之处。比如说，一旦出现停电或计算机、网络故障，就不能查询馆藏文献，也不能进行分类编目、录入等业务工作。

随着以人为本的理念越来越深入人心，图书馆的馆藏管理也越来越体现出以人为本的人性化管理。很多图书馆过去是闭架借阅服务，现在改为开架借阅服务；过去只能在馆内阅览室阅览报纸杂志，现在很多图书馆实行图书借阅与馆内阅览一体化服务。读者可以在书库内随意地阅览各种馆藏图书。然而，全开架的管理和借阅服务方式虽然方便了读者，但是管理工作量增加了很多，图书的破损和流失率也是比较高的。因此，在图书馆馆藏文献资源管理工作中，为了既便于读者借阅和阅览，又有利于管理和保护馆藏文献资源，减少馆藏图书的破损率和流失率，图书馆应该实行有限制的开架管理和借阅服务。比如说，应该规定一个库室内最多同时可以接待多少读者，而不是无限制的像在超市里那样，到处都塞满了人。因为图书馆毕竟不同于超市。此外，有些珍贵的文献资料，比如珍本、善本古籍图书等，不应该开架借阅和阅览。有些复本量很少的图书也不应该开架借阅和阅览。因为复本量很少的图书，如果开架借阅和阅览，一旦破损或流失，就造成了图书馆馆藏文献难以弥补的损失。

（二）馆藏报纸杂志的管理

报纸杂志也是图书馆重要的馆藏文献种类。图书馆的报纸杂志一般是由图书馆的报纸阅览服务部负责订购和管理。所订购的报纸杂志到馆后，首先进行记到处理，然后上架，供读者阅览。图书馆的报纸杂志一般都是开架管理，馆内阅览。当一年的报纸杂志到齐以后，经过整理和登记造册，要么由图书馆自己装订，要么送到专门的厂家去装订。报纸杂志装订好以后，也要进行分类编目和录入计算机等加工处理，然后收藏在报纸杂志和过期库内。报纸杂志过期一般可以开一架阅览，但是一般不外借。

二、电子版书刊文献资源的管理

目前，图书馆的电子版书刊文献资源是很多的。图书馆的电子版文献资源，由图书馆采编部门采购（采访）以后，放在图书馆的网页上读者只要登录图书馆网站，就可以阅览、利用这些文献资源。图书馆的电子版文献资源的管理，需要很少的人力和物力，读者只要有上网的条件，就能方便利用。

三、光盘等各种音像文献资料的管理

图书馆还有光盘、录像带、磁带、幻灯片等各种馆藏文献资源。其中的光盘、磁带等，有些是随书发行、随书订购的，有些是单独发行、单独订购的。图书馆可以在专门的视听室为读者播放这些音像资料。当读者需要借用这些视听音像资料时，应该进行认真的登记；当读者还回这些文献资料时，应该进行认真的查验，以免使这些文献资料受损。

第二章 图书馆管理创新

第一节 我国图书馆管理创新现状及思路

一、目前我国图书馆管理现状

从总体上看,我国图书馆管理水平有了较大幅度的提高。图书馆管理现代化的进程主要呈现出两方面的特点。

一是图书馆管理思想与服务理念由传统图书馆向现代图书馆转化,表现为从重"藏"轻"用"到以"用"为主,逐步树立以读者为中心的理念;办馆思想由相对封闭转向更加开放,管理方法从计量管理向目标管理转化;内部管理机制的改革日趋深入:以提高服务质量为中心的专业管理等全方位的管理创新和变革。

二是受信息技术发展的影响,我国图书馆管理创新和管理现代化的进程同样呈现信息化的趋势,这一方面表现为计算机管理手段在图书馆的广泛应用,另一方面又表现为管理创新与信息技术的发展紧密结合。但如果从当前世界图书馆管理现代化的整体趋势看,我国的图书馆管理还存在较大的差距和不适应性。

(一)对图书馆管理创新的重要性认识不足

图书馆界对管理也是生产力,以及图书馆管理创新对图书馆全面走向现代化的重要性认识不足。较长时间以来,图书馆一直存在重业务、轻管理,重视制度创新、忽视管理创新的问题,这不仅导致我国图书馆管理水平与国外同行的差距越来越大,而且成为图书馆事业发展相对缓慢的重要原因之一。

（二）对图书馆管理环境的变化反应迟缓

随着信息技术与社会经济的飞速发展，图书馆的信息环境与社会功能已经发生了深刻的变化。伴随"信息垄断"地位的终结和信息主要提供者地位的削弱，信息行业竞争国际化的时代已经到来。由此带来的图书馆管理环境的复杂性和不确定性前所未有，无论是宏观管理还是微观管理都是如此。如果我们不能定位准确，思路灵活，在管理理念、方式及管理手段上不断创新，势必进一步丧失机遇。

（三）高素质管理人才短缺，全员素质有待提高

知识经济时代给未来图书馆的管理创新提供了机遇，也带来了挑战，而最大的挑战莫过于人才短缺。目前，中国图书馆界不仅罕见获MBA（工商管理）或MPA（公共管理）学位的管理者，且不少人缺乏职业图书馆管理者的基本素质，将难以承担知识管理的重任。同时，全员整体素质偏低，知识结构不尽合理，高素质、综合型人才缺乏，造成创新能力严重不足。

二、未来图书馆管理的发展趋势

全面深入地分析未来图书馆管理的发展趋势无疑是十分困难的。由于知识经济初见端倪，因而伴随着知识经济的来临而产生的对新的图书馆管理模式的理解也在探索之中。我们只能根据管理学自身发展的轨迹和图书馆事业发展变化的预测，对图书馆管理的发展趋势进行判断。

（一）现代信息技术的发展将给图书馆管理带来的影响

以计算机为标志的现代信息技术在图书馆的全面应用给图书馆管理带来的变革将是全方位和革命性的。首先，这种变革将涉及21世纪图书馆管理所关注的所有主题；其次，将促使图书馆的管理思想、管理功能、管理方法和管理组织结构产生根本性变化。在这一过程中，计算机的地位和现代信息网络的作用将日益凸显，并最终成为图书馆管理不可分割的重要组成部分。

（二）以重视"人"在图书馆中的作用为核心，创新图书馆管理理论与实践

"人本管理"的思想得到进一步的丰富和发展，图书馆管理者在管理活动中将更加注重人的内心世界，其核心是激发每个员工的积极性；将建立员工参与决策的机制；将鼓励员工的自主管理；将积极发现具有管理才能的

优秀人才；将努力建设图书馆文化，培育图书馆精神。在更为平等的组织形式下，实现高效率与高士气的良性循环和图书馆整体关系的和谐。

（三）图书馆管理方法由"硬"管理为主转向"软"管理为主，两种趋势并存

随着未来图书馆管理思想从"物本主义"向"人本主义"的演变，图书馆管理方法也将由理性的科学管理——"硬"管理为主转向非理性的人文管理——"软"管理为主，两种趋势并存。因为人们正在意识到管理不仅是科学更是艺术这样一个本质规律。未来图书馆的管理者将更重视对组织理论、组织文化、领导原理和用户需求的研究；更多地采用定性分析的方法；更强调利用团队的知识、经验、技巧、能力、才干和抱负，发挥每个员工的主动性和创造性，在协同与合作中最大限度地满足社会需求。

（四）图书馆管理组织将呈现出网络化、扁平化、柔性化趋势。

随着信息传递方式由阶层（等级）型转变为水平（自由）型，与此紧密相关的图书馆管理组织结构也将从尖顶的"金字塔"形向扁平的矩形网络转变。一些中层组织将被削弱或走向消亡。那种分工过细、相互割裂的管理组织，已不适应发展的需要。把相互关联的管理组织加以整合成了大势所趋。临时性的、以任务为导向的团队组织将取代原有结构中固定的和正式的组织。由此柔性的灵活的虚拟组织，将成为未来图书馆组织管理的重要形式。

三、今后我国图书馆管理创新的思路

我们必须充分认识图书馆管理创新的重要性与紧迫性，把握图书馆管理的发展趋势，立足于我国图书馆的具体情况，通过不断的学习、研究与实践，努力推动图书馆的管理创新。

（一）转变管理理念

要适应知识创新和未来图书馆事业发展的需要，图书馆管理理念首先要转变。比如，管理者的责任，不仅体现在"决策、计划、组织、指挥、协调与控制"，而且要"引导"。图书馆管理的范围，不仅限于本馆或图书馆系统，它所关心的和所应承担的责任还在于能影响到一个图书馆工作成效与结果的一切事物。任何图书馆的组织形式都不是绝对的，也没有哪一种管理方法是唯一正确的，只有一点是可以肯定的——在未来图书馆管理中，变革成为正常的和经常的现象。面对迅速进行着结构性变化和飞速发展的时代，

一个优秀的图书馆管理者，必须敢于变革，并善于变革。要实行变革，又必须反复不断地学习，反复不断地改进，在持续改进的过程中，迟早会导致真正的创新。

管理创新的主体是人，深化图书馆的改革，首先要取决人的认识问题。人的管理思想、管理观念对管理行为有先导性作用，有什么样的管理观念就会产生什么样的管理效果。管理理念创新，必须做到五个"转变"。

1.实现从重"藏"轻"用"的藏书楼观念到"服务重于收藏，取得胜于拥有"观念的转变

传统的藏书楼观念一直禁锢着管理者的思想，捆绑着管理者的手脚，致使新的管理理念、管理模式难以运用。随着信息技术的介入，网络已延伸到地球村的各个角落。彻底打破禁锢管理者思想的"紧箍咒"，使"服务重于收藏，取得胜于拥有"成为图书馆管理者管理的新理念，由此将产生相应的管理方法、技术等。

2.实现从"等、靠、要"的保守型向开拓型转变

图书馆的"等、靠、要"思想从管理主体到管理客体呈"流行性"蔓延，致使多年来图书馆的地位不高、影响不大、受重视程度不够，如此恶性循环，造成图书馆难以"旧貌换新颜"，图书馆也被誉为"养老院"。彻底打破管理者的"等、靠、要"思想，在市场经济的环境下，与时俱进，积极开拓，大胆创新，塑造图书馆"文献信息中心""社会信息化重要基地"及信息高速公路上的高技术"浏览车"的形象。

3.从封闭型向开放型的转变

传统图书馆管理偏重于内在要素的管理，即经费、人员、藏书、业务工作都限于馆内范围。新形势下图书馆为适应市场经济需积极开辟服务社会的经营项目，以获取社会效益和经济效益。这种新的实践，要求图书馆树立新型的外向管理创新理念，并处理好与市场机制的衔接。同时，打开图书馆大门，形成读者与知识、读者与馆员、读者与读者之间开放的交流，实现图书馆的社会价值。

4.树立图书馆人力资源的观念意识，实现从"物本管理"向"人本管理""能本管理"的转变

人是图书馆管理的主体，包括图书馆员、读者。确立图书馆员的主人

翁地位及"读者第一"的管理与服务理念，充分调动和最大限度发挥人的能力，实现能力价值的最大化，营造内外环境的协调统一，实现由轻才思想到重才、识才、用才、育才的转变，推动管理创新理念的形成。

5. 实现由中庸型向竞争型的转变

在管理意识中树立"优胜劣汰"的竞争意识，以成绩争支持，以业绩求生存、争发展，引入创新意识，强化拼创意识，采用正确的竞争战略和策略，实现管理者的"优者从优"。

（二）更新管理模式

图书馆管理的重点将由信息管理转向知识管理。如果说信息管理使数据转化为信息，并使信息为特定组织设定的目标服务，那么知识管理则使信息转化成为知识，并通过知识共享，运用集体的智慧来提高特定组织的应变能力和创新能力。信息管理更注重信息的获取方式，而知识管理包括显性知识管理和隐性知识管理，它是以知识为核心的管理，是对各种知识的连续管理的过程，是以满足现在和未来的需要，运用已有的和获取的知识资产，进行创新活动。它充分地体现了知识经济时代的管理特征，拥有传统管理无法比拟的优势与特点。但同时需要注意知识管理间的差异，以便建立适合本馆发展需要的知识管理模式。

（三）体现以人为本

人类的一切创造活动都是为了人，都从属于人的需要。因此，图书馆管理创新的核心是真正体现以人为本的管理思想，把人看作图书馆一切活动的主体、前提和动力，确定人在管理中的主导地位。一方面，将员工视为图书馆最重要的资源和提高生产力的主要因素，紧紧围绕尊重人、关心人、培养人、激励人、开发人的潜能与调动每个员工的主动性、积极性和创造性展开管理活动。通过开展世界观、人生观、价值观的教育，树立良好的馆风与共同的信念，正确处理、看待和满足员工多方面的需要，重视创新与竞争，加强培训与激励，促使员工不断提高和充分发挥自己的能力，努力实现图书馆绩效目标与员工个人发展目标的有机结合。另一方面，以读者用户为中心，将读者和用户看作图书馆主体的重要组成部分，通过图书馆管理委员会、核心读者俱乐部，召开座谈会、设立馆长信箱、发放调查表等多种方式，吸引读者用户参与图书馆管理与决策。这样不仅加强了图书馆与读者用户的交流与沟通，增进相互理解，有利于服务质量的提高，而且将大大激发广大读者用户参与图书馆管理的热情与潜能，充分发挥他们在图书馆管理中的积极作用。同时，体现以人为本的发展模式，还将进一步推动图书馆由相对封闭走向全面开放，最大限度地满足全社会日益增长的信息需求。

（四）完善激励机制

适应知识创新的要求，对图书馆员工的激励机制也应随着图书馆管理现代化的进程不断完善，由相对单一转向逐渐多元。首先，通过人事制度的改革，为优秀人才的脱颖而出和人尽其才创造条件。其次，实行内部分配制度的改革，贯彻按劳分配、绩效优先、兼顾公平的原则。同时，将更加重视满足知识型员工的需要，至少要对他们的利益重视到能吸引他们并使之努力工作。再次，大力提倡全员参与，建立员工自我控制、自我管理机制。要让每一个员工都明确所在图书馆的远景规划和近期目标，积极鼓励员工根据图书馆发展战略和目标以及自身的条件与优势自行确定具体方案，从事一线服务的图书馆员将更加自觉、主动地对用户需求迅速做出反应。最后，努力创造工作内容丰富化且具有挑战性和创造性的组织环境，让更多的员工从自身的工作与自我实现中获得满足与成就感。

（五）创新管理制度

图书馆的管理制度创新包括管理体制创新、管理方法创新和管理目标创新，以解决宏观层面的管理问题为主。在管理体制方面，我国图书馆一直是以行政隶属关系为基础，按照图书馆的领导系统组合的多元管理体制，形成了条块分割、各自为政及重复建设、重复劳动的资源浪费现状。在改革的大环境下，管理体制趋于多元化，如一馆两业，一馆多制，合作办馆，联合办馆，资源共建、共知、共享等。在市场经济环境下，市场化的集中管理是图书馆体制管理创新趋势，应以市场为导向，改变图书馆组织模式、干部政策、办馆思想观念、服务方式、管理制度等方面显现出的封闭、僵化、低效状态，从根本上提高办馆效益。

在管理方法方面，图书馆管理移植并改良了许多管理方法，如"人本管理""能本管理""岗位管理""目标管理""导化管理""权变管理"、行为科学方法、思想政治教育方法等。在市场化集中管理的创新体制下，权变管理方法更市场化。该方法强调：在组织管理中，没有一成不变的、普遍适用的"最好"管理理论和方法,"如果"某种环境存在或发生变化,"就要"采用相应的管理思想、方法等。目前,我国图书馆正处于转型期,传统的经验管理充斥整个图书馆界,管理者中有激进的,有保守的,有中庸的,思想认识差异很大。引入权变管理,在市场环境下,根据馆情差异寻求最佳的权宜、变通的创新管理模式,将达到办馆效益的最大化。

在管理目标方面,市场化集中管理体制要求缩小地区或国际差距,从实际出发,确立持续发展的战略目标。从创新管理的角度分析,持续发展首先要内涵发展,即以有利于职能的延伸、工作内容的充实、干部素质的完善、工作质量与效益提高的管理手段为主;其次要协调发展,以有利于内外环境交流及与内部环境形成回流、互动,促进自身转型与发展的管理方法为主;再次要稳定发展,以稳中求进,保持发展政策、规划及队伍稳定性的管理为主;最后要重点发展,有所有、有所不为,确保管理重点并选择其突破口。

（六）内部管理制度创新

内部管理机制包括理顺内部关系、转换运行机制、调整结构、优化队伍、改善条件、提高待遇、调动积极性和增强内在活力等方面,以解决微观层面的管理问题为主。

1. 组织领导管理创新化

在组织领导方面,健全科学决策机制,形成权责利相统一、办事高效、运转协调、行为规范的管理机制。我国图书馆大都按照事业单位的高度集中的模式管理,责、权、利集于馆长,这种机制不利于调动各层干部和员工的积极性。实行工作目标责任制,明确职责,将用人权、分配权逐级下放,形成责权利统一、分层负责的管理格局;同时还要简化层次,精减人员,提高办事效率,特别是职能部门切忌"政府化""上下对口",应采用合署办公、一人多岗、一专多能。在管理方式上以目标诱导、榜样引导、情理疏导、制度督导等导化管理方式为主。

2. 用人制度管理创新化

在用人制度方面形成竞争机制、利益机制和自我发展机制。实行全员聘用制,双向选择,形成"能者上、平者让、庸者下"的平等竞争环境。在人员使用方面做到"人尽其才,各得其所"。逐步实现从职务管理到岗位管理的转变。同时,建立评估考核目标管理系统,实行馆对各部门、部门对个人的分层检查考核制度。建立定编定岗，工作量定额管理机制，执行缺编补贴和超定额奖励。

3. 分配制度管理创新化

在分配制度上强化激励机制。破除平均主义，实现"最佳岗位、最佳贡献、最佳报酬"。实行以岗位职能和效益为核心的结构工资制。馆员的劳动报酬以优质工作、优质服务为考核基础，让每个人通过自己的能力和工作效率获取应有的收入。在分配上按实绩合理地拉开差距，让每个职工在压力和动力之间积极工作。

4. 业务管理创新化

在业务管理上引入科学管理机制。未来图书馆不会走向消亡，也不可能被"数字化"取代一切，而是实体图书馆与"虚拟图书馆"融于一体，电子文献与纸质文献并重，馆内服务与远程服务相辅相成的"复合型"图书馆。适时调整好馆藏结构和服务结构，引入自动化、网络化管理模式，尽力改变传统图书馆封闭式结构、自我保障方式、收藏与借阅功能、被动应答式服务及落后的管理方式，以自动化、网络化管理模式为主线，加大业务流程重组和作业流程的科学化、规范化管理，促进传统业务向现代化业务过渡，促进对外业务接轨，促进各项业务工作的相互交叉、渗透和共生，实现对外"Door to Door"服务及藏阅借一体化和一站式全程服务。

5. 人才管理创新化

在人才管理方面：首先，要保持队伍的稳定，形成图书馆群体的内聚力，达到人与人之间、群体与群体之间的交流、沟通和理解。使图书馆发展目标与个人需求相互融合，形成团结、合作、互信的关系。其次，建立培训机制，制定综合化、创新化、层次化的培训目标和补缺化、更新化、拓展化的培训教育内容，采用多类型化、多途径化、多系统化的培训教育形式，把传统的文献信息人才培养成掌握现代化信息知识的应用型、复合型人才。

6. 政治工作管理创新化

在思想政治教育方法方面建立实效机制，把党的方针、路线、政策贯穿于职工教育的始终，培养职工爱岗位勤敬业、爱集体做贡献、爱本职勇拼搏的精神，引导职工发挥自身的聪明才智，同时做到上下一致，增强市场意识、竞争意识、创新意识，培育民主、平等的政治环境、人尽其才的用人环境及"家庭"气氛，使全体职工真正成为图书馆的"主人翁"和图书馆可持续发展的主体。

7.其他管理创新化

图书馆市场化的集中管理体制及权变管理方法，要求图书馆建立"一馆两业"的管理机制。主业管理事业化、公益化，副业管理企业化、有偿化。对馆办企业进行股份制改造，使企业职工与企业形成"一荣俱荣，一损俱损"的关系。同时建立科学监督约束机制，实行权责利相统一的管理体制，加大各级部门的自主权及相应的监督与约束权。图书馆工作的有效性取决于管理的有效性，办馆效益的提高重在管理创新。其中，管理理念的创新是先导；宏观层面上的大管理创新在图书馆的管理体制、管理方法、管理目标等方面提出了前瞻性、方向性的要求；微观层面上的小管理创新是大管理创新的内化，是理论实践化、实践理论化的不断完善和发展。

第二节 我国图书馆管理创新环境

一、图书馆管理创新环境的界定

分析图书馆管理创新的环境要素，首先要明确图书馆管理与环境要素的具体内涵。我们将图书馆管理创新环境理解为对图书馆管理进行创新产生影响的环境因素。借鉴营销学对于环境的分析方法，根据营销环境对营销活动发生影响的方式和程度，可将营销环境分为直接营销环境与间接营销环境，直接营销环境又称为微观环境，间接营销环境又称宏观环境。我们将从宏观和微观两个层次对图书馆面临的环境加以考察。

二、图书馆管理创新的宏观环境

宏观环境是指作用于微观，且对图书馆施加影响的社会因素，包括人口、经济、科学技术、政治与法律环境等。通常我们采用PEST分析法进行宏观环境分析。PEST是指由以下四个语词的英文首字母组成：P政治（Politics），E经济（Economy），S社会（Society），T技术（Technoloiry）。我们主要从以下几方面分析图书馆的宏观环境。

（一）经济环境

经济环境、政治环境以及政府为达到目标而制定的经济政策三者紧紧联系在一起,同时,也会对图书馆的成本、定价和竞争力产生直接影响。当经费充足时,图书馆的发展便有保障,能够顺利地进行信息资源建设,提供各种信息服务。图书馆经费是指创办图书馆、发展图书馆事业和维持图书馆日常活动的资金。图书馆经费来自三个基本渠道:中央或当地政府划拨的公共资金,是图书馆经费的主要来源;用户付费;捐赠、赞助和利息收入的其他渠道。可见图书馆主要的经费来源还是国家与政府投入。

(二)社会环境

教育水平。越来越多的用户利用图书馆的教育与社会资源,进行终身学习。随着社会进步,教育水平不断上升,社会分工更加精细化,有必要细分不同教育层次的用户。

图书馆是通向知识的途径,公共图书馆应不分年龄、种族、宗教、国籍、语言或社会地位,向所有的人提供平等的服务。还必须向由于种种原因不能利用其正常的服务和资料的人,例如语言上处于少数的人、残疾人、住院病人或监狱囚犯,需向他们提供特殊服务和资料。图书馆作为信息资源集散地,要以服务全体社会成员为要旨。

(三)法治环境

图书馆事业的发展很大程度上取决于国家稳定的政治法律环境。当前我国出台了一系列有利于文化事业发展的各种政策,图书馆事业进入快速发展时期。

(四)技术环境

对图书馆影响较大的技术有计算机与网络技术、数字图书馆技术以及数字化技术。

1. 计算机与网络技术

计算机与网络技术的发展带来了图书馆办公和服务的自动化乃至计算机化,实现了图书馆服务方式的深刻变革。互联网的产生与发展使图书馆突破了建筑实体服务能力与时间的限制,促进了资源间的整合与共享以及易用,极大地提升了图书馆服务效益。

2. 数字图书馆技术

目前,我国图书馆界提出要建立第三代数字图书馆,是要建立一个以用户为中心的数字图书馆系统,其技术是以支持用户灵活和协作的处理信息、提炼知识和传播交流为核心，围绕用户信息活动和用户信息系统来组织、集成、嵌入数字信息资源和信息服务。其主要包括分布式资源与运行管理技术、海量信息存储与组织技术、信息标引与检索技术等。当前数字图书馆存在各自为政、体系结构混乱、软件差异与服务共享性差的问题。数字图书馆的外部世界呈现出高度网络化、日渐学术化的特征。我们必须关注数字图书馆的功能性和互操作环境，重视信息和知识的"语境"，结合网格技术、语义技术对知识、知识元之间的关系及其语境进行描述，关注知识创建、获取、传播、组织和利用的整个生命周期，最大限度地实现知识和信息的重复使用，以便在人人参与的信息共享环境中把握数字图书馆未来发展方向。

3. 数字化技术

在多元化的信息载体（磁带、光盘、数字载体等）中，数字资源以其获取的便利性受到用户的青睐。数字化相关技术成为实现馆藏文献数字化的关键，主要包括缩微及成像技术以及OCR技术。缩微及其他成像技术能够在较短时间内将大量的纸质文献复制副本，光学字符识别技术OCR（Optical Character Recognition）就是将文本资料进行扫描，然后对图像文件进行分析处理，获取文字及版面信息的过程。中美百万图书计划和Google Print的图书馆计划都采用了这些技术。

三、图书馆管理创新的微观环境

微观环境是直接影响企业为目标市场顾客服务能力和效率的各种因素，如企业自身、供应商、营销渠道、顾客、竞争对手与公众。图书馆的微观环境一般指与图书馆有双向运作关系的个体、集团和组织，而且在一定程度上是可以控制并可以对其施加影响的。

（一）竞争对手分析

从营销的观点看，形成组织竞争对手的主要有替代者、上游行业以及下游行业。对图书馆而言主要竞争对手有替代者和上游行业，具体包括：替代品行业Ⅰ。主要是指博物馆、档案馆等公益性机构、母体机构内的计算机中心与网络中心，以及免费的因特网资源。替代品行业Ⅰ是图书馆的传统竞争对手，其竞争主要围绕社会资本而展开。替代品行业Ⅱ。主要包括在线书店、信息服务商、网络搜索引擎等营利性行业。它们是伴随信息技术和信息经济成长起来的，通过对信息资源的开发、控制、管理、利用，转化为企业资本，并作为商品进行市场营利。替代品行业Ⅱ对图书馆的冲击，一方面表现在用户分流上，另一方面表现在与图书馆核心价值观的冲突上。上游行业主要包括数字出版发行商、数据库服务商、系统服务商。它们是图书馆信息资源和技术支持的主要供给者，也是图书馆资金输出的主要对象。上游行业利用信息技术将包括文献收藏、检索、传递在内的全面信息服务直接提供为最终用户，使信息服务呈现"非中介化"，图书馆依靠资源、地理、行政地位、技术与系统复杂性等建立的竞争优势随之弱化。以下主要分析搜索引擎与书店等竞争对手。

　　书店及其他信息提供者对于用户的分流。书店包括网上的在线书店、读书网站以及现实生活中的各种书店。网络阅读主要通过读书网站，包括各大网站的读书频道、原创网站以及电子读物站点等。这些在线的信息提供者不仅分流图书馆在线用户，在网络化不断普及的今天，也分流了现实世界图书馆的到馆读者。实体书店一直都是我国公民获得文献的主要方式，并且，今天的书店往往会为顾客营造出一种舒适的环境，一些大型书店设有咖啡厅、书吧之类的休闲场所，仅收取较少的费用，就能够获得相当安静、舒适的环境和服务。与书店相比，图书馆的免费服务是吸引读者的优势之一，但由于文献的复本量有限，因此，人们还是会去书店通过购买的方式获取自己想要的文献。此外，我国社会中还存在"读书社"这一新的文献提供者。它们主要以在城市连锁设点为读者办证的特点，以低廉的会费租借书刊为经营方式。当前大多读书社采用的连锁发展模式使其迅速地占领市场。对图书馆而言，民间读书社既有挑战，也有共赢。只有在全面分析图书馆管理创新的环境要素的基础上，才能准确定位图书馆管理的目标，制定相应的发展规划与切实可行的措施，从而实现图书馆社会效益的最大化。

　　图书馆显然应该从更长远的角度审视其作为信息收集者和组织者，以及关注用户的功能，需要积极应对或超越Google的发展视野，不应该仅仅关注到馆人数或者流通量，而应重点关注读者满意度，关注图书馆能为读者做什么而不是图书馆有什么。

　　（二）用户信息检索行为变化与数字信息环境带来的挑战

　　用户是图书馆微观营销环境中的重要影响因素。从竞争的角度看，用户是竞争对手之间争夺的重要资源。用户的需求以及获取信息的方式与习惯正在发生深刻变化。现代社会的发展和变化速度加快，新生事物及新技术不断涌现，读者的信息需求心理也极大地受这种趋势带动，在心理转换上趋向与社会同步，在读者信息需求行为上表现为信息与技术生命周期不断缩短。同时，信息技术生命周期的缩短反过来又会促使读者对信息资源的需求心理转换速度进一步加快，读者对信息需求的求新求变的欲望也进一步加强。另外，读者对信息需求的不稳定性还表现在，网络环境中，读者爱好极为广泛，对政治、经济、科技、教育以及新闻娱乐等各类信息都表现出较为浓厚的兴趣与好奇心。图书馆要想吸引这些读者，在信息服务业保持持续的竞争力，就必须不断地在信息服务理念、服务项目及技术方面推陈出新，能经常为读者提供新的亮点。倘若图书馆不再吸引用户，势必无法实现其社会价值，图书馆的生存将受到极大的威胁。

（三）图书馆核心价值的认同

核心价值是一个行业的品牌特征，是图书馆行业的根本价值取向或所追求的根本目标。关于图书馆核心价值的研究已引起国内外的广泛关注。图书馆的核心价值在国外的认同性较高，社会的认同为图书馆带来良好的发展契机。

第三节 管理创新与我国图书馆的可持续发展

一、我国图书馆管理创新刻不容缓

（一）国家创新体系的建设要求图书馆也要创新

国家创新体系由知识创新系统、技术创新系统、知识传播系统和知识应用系统组成，其主要功能就是知识创新、技术创新、知识传播和知识应用。因而，构成国家创新体系的组织机构也就是一切与其主要功能相关的科研机构、高等院校、企业、图书馆、信息中介与咨询机构等。可以说，无论是从机构还是从功能的相互作用上看，图书馆也是国家创新体系整体中不可或缺的有机组成部分。进一步说，无论是从机构的内在联系还是从功能的相互作用上看，图书馆也是国家创新体系链条中必要的一环。

知识创新是技术创新的基础和源泉，知识创新系统的核心机构是科研机构和高等院校。知识创新的前提是人类的知识积累，知识积累的前提则是文献保障。所以说，科研机构图书馆和高等院校图书馆，在职能上是知识创新的一个基础性机构。

技术创新系统的核心机构是企业，同时还包括科研机构、高等院校、图书馆、培训机构、中介机构、信息咨询机构等。企业图书馆和其他图书馆在企业创新中除具有知识积累和文献保障职能外，还具有市场信息咨询、参考职能。

知识传播系统的核心机构是高等院校及其他职业培训机构，也包括部分科研机构和企业，主要功能就是传播知识和培养人才。图书馆作为"没有围墙的大学"，其传播知识的职能是社会公认的。在培养人才上，公共图书馆固然没有高等院校的优势，但在人才的完善和终身学习上，公共图书馆的作用也是高等院校无法比拟的。高等院校在知识传播和人才培养过程中，没有完善的图书馆这一基础设施，其教学、研究活动也是难以开展的。

知识应用系统的核心机构是企业和全社会，主要功能是知识、技术的实际应用。知识创新、技术创新、知识传播，最终都要归宿知识的实际应用，使知识与技术转变成现实生产力。知识经济时代要求企业必须十分重视知识资源，即重视对这一资源的拥有和实际应用，同时也要求全民具有适应社会经济发展的必备知识。图书馆作为社会组织机构中的一员，既是知识应用的一个主体，也是知识储备、传播的最主要场所。应用新知识、新技术，能够更有效地发挥图书馆的职能，而图书馆的知识储备、传播职能又进一步发挥了知识的作用。图书馆成为知识应用系统中的知识储存库和知识中转站。

综上所述，我们可以做出这样的定位：国家创新体系可分为知识创新系统、技术创新系统、知识传播系统和知识应用系统。这四大系统当然各有其涉及的机构与单位。但是，作为可以涉及这四大系统的机构与单位，只有图书馆具有其天然优势。也就是说，图书馆不仅可以成为每个系统中的一个子系统，而且更为特殊的是，它还可以在这四大系统中发挥其联结作用。因此，图书馆所处的这种特殊地位与作用，就决定了图书馆的创新活动必然与国家创新体系相适应。换句话说，要参与并适应国家创新体系的建立与发展，图书馆自身也必须创新，首当其冲的是管理创新。

（二）知识经济时代的来临迫使图书馆非创新不可

人类社会正从工业经济时代进入知识经济时代。国际管理在基于空间关系的复杂组织模式上脱颖为基于时间关系的网络结构的转变趋势，已经比较清晰，而且已经成为主旋律。与此相适应的是，21世纪图书馆形象的变化：它是一个有形的印刷媒体与非印刷媒体，加上全新的网络信息的综合，一个传统式的图书馆走出了它个体的局限，向四面延伸，使得读者不分距离远近，可平等共享有用信息，是传统图书馆与非传统图书馆的结合。从宏观的角度来观察，图书馆信息资源既随着空间的变化而变化，也随着时间的变化而变化。图书馆既是社会时空的一部分，又是信息时空的一部分，在已经到来的知识经济社会中占据着特殊的地位，负有重要的责任，起着不可替代的作用。在信息爆炸的情况下，由于信息生产和传递的无序扩张，造成信息混乱和信息污染，信息时空出现了混杂、淤积、拥挤、无序和信息过剩等严重问题，使得人们在获取所需的信息时，无谓地浪费了大量的人力物力。欧美国家的高级管理人员承认，由于每天要处理的信息超过他们的分析和处理能力，他们的决策效率受到影响，而收集信息的成本超过了信息本身的价值，为此，图书馆应利用自己的优势和特殊地位参与信息时空的信息过滤、重组、优化、增值等工作。一所图书馆面对浩瀚的信息时空可能无能为力，但整个图书馆界却能拥有强大的力量。当然这就要求图书馆界自己首先要有序化，按照一定的目标和功能设计进行分工合作。在这个基础上，图书馆界甚至有可能通过对信息时空的整理和加工，建立起高效能的与信息时空同步的知识时空，并站在崭新的高度构造人类知识的全息图景，使得人们能够从宏观上把握复杂的知识板块、知识经纬和知识的新陈代谢，从而解决信息无限增长与人们接受、处理信息能力有限的尖锐矛盾。尽管两个时代的管理内容并非完全排斥，后者是以前者为基础的兼容性革新，但是，对于大多数仍处于工业化时期的我国图书馆形态来说，落后的管理基础与网络管理发展趋势存在着很大的差距。这就要求我们既要清楚地认识这一严峻的挑战，又要激励我们抓紧改革、创新。

（三）图书馆事业可持续发展也要求图书馆管理必须创新

图书馆是保存人类文化遗产，提供文献信息服务的重要机构。图书馆的可持续发展是促进和保障中国社会经济、政治、文化可持续发展的关键。可持续发展理论是20世纪末期，人类面对日趋严重的生存危机反思自身观念和行为而提出的一种新型社会发展观，其核心内容是强调正确处理人与自然的关系问题。

可持续发展理论强调可持续发展的可持续性，要发展就离不开科学技术，更离不开为经济发展提供信息的图书馆。同时，图书馆自身也需要可持续发展理论的指导。正是由于以计算机技术、通信技术和网络技术为核心的信息技术的发展，图书馆形态、经营理念、工作内容、服务手段都发生了前所未有的变化，在数字化、信息化、网络化程度日益提高的今天，图书馆的要素、法则、基本矛盾、属性、社会职能，以及图书馆学的研究对象、学科性质都有重新审视的必要。在这场变革中，处于知识和文献信息服务前沿的图书馆，不可避免地要受到信息技术的冲击，接受知识经济的洗礼。我们要深入研究可持续发展理论，探索有中国特色的可持续发展道路，为经济建设、社会发展、人们生活质量的提高提供信息保障。

（四）文献载体的多样化及其转型也要求图书馆管理与之相适应

21世纪是文献载体多样化并从纸质出版物向电子出版物转型的关键时期。已经出现的新型文献载体与现代传媒技术的结合，将对图书馆产生非常巨大的、空前的影响，它将迫使图书馆要实现下述"七化"：文献载体收藏多样化、文献信息数字化、文献阅读形象化、文献交流网络化、文献管理计算机化、文献资源储存高密度化和文献服务高效化。如何适应这种趋势将是我国图书馆管理实践者的一个新课题。在已经大大变化了的形势面前，是因循守旧、等待、观望，还是思索、创新，将决定着我国图书馆发展的历程。

二、图书馆可持续发展环境

图书馆可持续发展是指通过对图书馆各要素（包括文献、设备、经费、技术、人力资源）的合理开发与利用，实现图书馆与社会、经济、自然和个人长久、协调发展的一种理念或策略。图书馆可持续发展不能简单地归纳为一种"图书馆所得全部收益超过或至少等于其运行和维护成本的状态"，它应该是图书馆经济效益与社会效益的均衡发展。因此，要谋求图书馆的可持续发展，首先要分析图书馆可持续发展所处的内外环境。

（一）图书馆可持续发展的外部环境

第一，信息市场的激烈竞争在信息化、网络化、全球化浪潮中，各种信息媒体、信息服务机构不断涌现，构成了激烈竞争的信息市场。在市场机制的作用下，社会将根据各类信息机构对社会信息化所起的作用及其所创造的价值给予不同的资源分配，用户将根据自己所需的信息产品和信息服务选择不同的信息机构。尽管图书馆仍然拥有一些竞争优势，如全面系统地收藏了人类所创造和积累的各种信息与知识，但是在现代化的信息环境中，图书馆已不再是人们获取信息资源的唯一机构，现代信息网络把一个分布式的信息交流环境、广泛的信息资源及多样的技术手段呈现在人们面前，传统的以固定信息机构为主导的信息服务体系正在逐步被以用户为中心的动态信息服务体系所取代。图书馆信息服务已经失去了原有的垄断地位，一些新型的信息服务机构由于能够提供灵活的、增值的个性化服务和针对性与时效性都很强的实用信息，而使自己在信息市场上快速发展，市场占有率不断上升，直接威胁到图书馆的生存与发展。

第二，信息技术的快速发展对图书馆的影响直接而深远。计算机技术、通信技术、网络技术、数字技术正在从根本上改变着图书馆的观念、思维、方法，它不仅意味着文献信息工作模式的变革及服务方法的拓展，而且给图书馆系统的组织和管理活动提出了挑战，施加了新的压力。信息技术既打破了图书馆由于物理位置所造成的限制，通过网络把图书馆融入开放的全球信息资源体系中；又为用户/图书馆提供了包括印刷型、视听型、机读型、光盘型和网络型等各种文献类型在内的信息资源；既为用户/图书馆提供了获取和利用存放于世界各地资源的渠道，增强了图书馆的信息保障能力；又为用户/图书馆开辟了通达学校课堂、科研机构、政府办公室乃至用户家庭的通道，拓展了服务范围和服务能力。

第三，知识经济的发展。毫无疑问，我们已经步入知识经济时代。知识已不是经济增长的"外生变量"，而是经济增长内在的核心要素和基本要素，对经济增长的贡献率越来越大。与知识相关的产业结构及消费结构所占比重越来越高，技术密集、智力密集产业及服务业就业比重显著上升。知识经济一方面促进了知识的创新，使得知识信息量急剧增长，社会对知识信息的需求量明显增加，为我国图书馆事业的可持续发展提供了原动力；另一方面，也为图书馆事业的可持续发展奠定了雄厚的物质基础，提供了先进的技术手段，使图书馆成为知识经济时代的知识信息中心与学习中心。

第四，世贸组织（WTO）的影响。中国正式加入WTO后，中国的文化事业将和其他领域一样，逐步地进入经济全球化的循环体系，图书馆服务自然而然地被纳入服务贸易总协定（GATS）所规定的自由贸易范畴。我国图书馆事业一方面面临着新的发展机遇——我国信息服务走向国际舞台，参与国际资源的优化配置，开展国与国之间的交流与合作，引进西方发达国家的管理理念和方法、资金和技术，实现我国图书馆信息服务的市场化、国际化和产业化，享受成员国的无条件的多边最惠国待遇，为我国图书馆信息产品、信息服务的出口和参与国际竞争创造非常有利的外部环境；另一方面也面临着一些挑战。一是竞争更加激烈。中国将在几年内逐步开放文化产业市场，外国商业图书馆、信息咨询公司等同业机构凭借雄厚的资金、高素质的人员、高质量的信息产品和信息服务以及先进的营销手段，争夺国内市场、用户和业务，并有可能逐步形成对信息市场和产业的垄断，从而给我国图书馆事业发展造成不利因素。二是知识产权保护问题日益突出。加入WTO后，我国必须遵循《与贸易有关的知识产权协议》，图书馆知识产权保护面临许多新课题，如作品和录音制品的数字化、网络传播、技术保密、数据库保护、商标保护等。

（二）图书馆可持续发展的内部环境

随着全球范围信息量的激增、用户对知识信息的广泛需求和信息技术的发展，图书馆本身发生了一系列变化，集中体现为如下两方面。

1. 图书馆的范式演变

图书馆正处在这样一种范式演变的过程中：从书籍保管者到服务为导向的信息提供者，从单一媒体到多媒体，从自身的馆藏到无边界的图书馆，从我们去图书馆到图书馆来到我们中间，从按时提供服务到及时提供服务，从自建到外包，从本地服务到国际服务。这种范式演变导致图书馆工作重心从书本位向人本位转移，业务重心从第二线（事务性工作）向读者服务第一线转移，服务重心从一般服务向参考服务转移。最明显的标志是：数字图书馆建设已经从理论走向实践，推出了一系列研究与建设项目。图书馆建设面积与规模越来越大。图书馆原有的一些社会功能（如保存信息资源、传递适用信息、开展社会教育等）得到延伸，一些新功能（如数字参考咨询、学科导航与门户建设、知识组织与知识管理）得到拓展。因此，现在的图书馆不再是传统意义上的图书馆，而是网络环境下的信息服务中心与信息素质教育中心，是一种复合型图书馆。

2. 图书馆改革浪潮

人们对图书馆管理体制改革的呼声由来已久，尽管我国图书馆管理体制改革的彻底完成需假以时日，但已经开始试点（如国家图书馆），个别图书馆（如上海生命科学图书馆）已经正式运作。对于图书馆管理机制改革，不管是公共图书馆、高校图书馆，还是专业图书馆，都推出了各具特色的改革方案，其要点集中在人事制度、聘用制度、分配制度、组织机构、服务创新、管理方法等方面。这些初见成效的改革使国内图书馆发展走出了低谷，迎来了新一轮的快速发展时期。

三、加强图书馆可持续发展的战略管理

战略管理是指对一个组织的未来方向制定决策和实施这些决策。图书馆战略管理是图书馆管理者在对图书馆外部环境和内部资源条件进行分析和预测的基础上，制定战略意图和战略使命并付诸实施，从而保障图书馆生存和长期稳定发展的过程。在图书馆管理中导入战略管理具有以下重要意义。战略管理能够促进图书馆管理者密切关注外部环境变化，及时抓住图书馆发展的机遇，同时规避可能对图书馆构成的威胁。战略管理有利于图书馆优化配置内部资源，均衡图书馆的眼前利益与长远利益。战略管理对图书馆内部各部门的高效运作起导向作用与协调作用，使图书馆有限的资源（包括人力、信息、设备与财务等）发挥最大的效用。战略管理可以直接影响图书馆的命运与前途，对图书馆员工产生激励作用。图书馆可持续发展是图书馆事业发展的长期目标，为实现这个目标，我们必须加强图书馆可持续发展的战略管理，主要包括战略规划、战略实施两部分内容。

（一）图书馆可持续发展的战略规划

所谓战略规划，即系统地做出对于当前来说富有挑战性的决策，并明确地预知未来的一种连续性过程。此外，它还包括系统地组织所需力量来实现规划，并通过反馈来评价其效果。今后图书馆朝什么方向发展、如何发展，是图书馆可持续发展战略规划必须解决的基本问题。为此，我们需要确立发展目标。在审视图书馆内部组织结构、人员素质、服务能力、研究与开发能力、设备与财务状况、过去的目标和战略的基础上，通过分析图书馆外部现有环境（特别是信息技术给图书馆引发的变革），设计出图书馆的长期目标与短期目标。鉴别与选择战略方案：图书馆可根据自身实际情况与发展目标要求，

选择稳定发展战略或跨越式发展战略。奉行稳定发展战略的图书馆具有如下特性：满足于现有的效益与效率，并决定继续追求与现在基本相同或相似的目标。每年所期望取得的成就，按大体相同的比率增长。继续用基本相同或相似的服务和产品来满足用户的需求。奉行跨越式发展战略的图书馆可描述为：它们不一定是国内领先的图书馆，但具有快速发展的条件与可能。它们不是去适应外部世界的变化，而是通过创新来使外部世界适应它们自身。经常开发新服务与新产品，能在某方面或某项服务上做到后来者居上。

（二）图书馆可持续发展的战略实施

战略实施是指为实现既定战略而必须进行的各项活动，包括建立组织结构、管理日常的图书馆活动和评价战略的有效性（战略控制）。建立组织结构就是要确定图书馆部门设置、层级划分、分工与合作、职位与职权的设置以及部门的关系；管理日常的图书馆活动包括对人、财、物的管理与协调；战略控制是指在战略实施过程中，为保证战略计划的执行所进行的纠正偏差的行动。战略控制过程包括：制定评价标准，可分为定性评价标准和定量评价标准。评价工作成绩，即把实际成绩与评价标准相比较。反馈与纠正偏差，对控制过程中出现的问题，必须针对其产生的原因采取纠正措施，以便真正达到战略控制的目标。

四、建立图书馆可持续发展的管理体制

图书馆管理体制是图书馆事业在机构设置、领导隶属关系和管理权限划分等方面的体系、制度、方法、形式的总和。它一般分为国家集中管理体制、国家各类型图书馆分属各自主部门管理的分管体制以及由国家委托有关机构起协调作用的民间协调管理体制。目前，我国采取的是分管体制，从宏观来看，存在三个严重问题：条块分割的多元化行政管理，由行政指令干预图书馆运行；分级管理的财政体制，造成各个图书馆建设上的"小而全"与"大而全"。行业管理体制的分散性，造成了图书馆业务工作的非规范化与非标准化。从微观来看，我国图书馆仍没有摆脱计划经济的束缚，大多数图书馆仍然沿袭传统的机构设置与规章制度；人事管理制度中存在权力过分集中、干部能上不能下的现象；在分配上，"大锅饭"现象比较严重。这些弊端严重阻碍了我国图书馆的可持续发展。为改变这种状况，我们需要从宏观与微观层次上建立适合我国国情的图书馆可持续发展管理体制。

在宏观层次上，应建立一个直属国务院领导的管理与监督机构，如"全国图书情报委员会"或"全国信息资源委员会"。它拥有相应的职权，包括：制定全国标准，如分类和主题标引的标准、图书情报计算机应用系统软硬件标准及通信标准。制订文献资源配置方案和文献资源共享方案。负责全国性大型项目的组织、方案制订与实施。对以上工作的执行情况进行指导、监督和管理。负责与国际图书情报机构、组织的协调。这种"全国图书情报委员会"可以从宏观上实现对国内所有图书情报机构的统一管理，避免资源重复建设，为图书馆的可持续发展提供保障。

在微观层次上，应建立与各种类型图书馆相适应的图书馆理事会。这些图书馆理事会拥有对图书馆进行管理与监督的权力，包括：聘用图书馆馆长，评价与考核图书馆馆长，制定职工工资等级标准等，制订图书馆中长期计划，拟定图书馆各项规章制度，评论与核算图书馆预算等。在建立图书馆理事会制度的过程中，我们必须改变过去图书馆馆长"一言堂"的作风，正确处理好图书馆馆长与理事之间的关系，使两者能相互配合而互不干涉其具体事务。为此，在理事会章程中应该明确规定双方各自的职责。严把图书馆理事关，也就是说要科学、合理地甄选图书馆理事，既要考虑理事本人的知识水平、社会地位，又要考虑理事的组成是否具有广泛性，能够真正代表社会公众来管理图书馆。为此，要明确理事的人数、成分与个人素质条件。要加强理事的教育、发展与自我评价，包括为图书馆理事提供继续教育和与其他理事分享经验的机会，建立委员会的休假制度和自我评价指标体系。

五、建立图书馆可持续发展的管理机制

机制是事务构成要素之间相互联系、相互制约、相互作用的关系及其综合活动机能。图书馆管理机制是推动图书馆事业发展的各种社会动力和约束力。它包括运用何种社会动力，采用何种方法或手段，来推动各层次图书馆活动的进行以及协调它们的关系。图书馆管理机制主要包括原动力机制、决策机制、用人机制、竞争机制、合作机制、保障机制等，这些机制相互联系与作用，构成图书馆管理机制体系。为促进图书馆可持续发展，我们必须：

（一）基于科学、合理的原则，构建图书馆可持续发展的决策机制

决策机制就是要求根据图书馆事业发展的现状和趋势，对图书馆发展目标、发展规划、发展步骤、实施方案、重要措施、政策策略以及管理过程

中出现的各种情况，做出决定和选择的方式与方法。由于决策水平必然影响图书馆的管理水平，决策不科学必然阻碍图书馆的可持续发展，因此，必须基于科学、合理的原则，构建图书馆可持续发展的决策机制。如何构建这种决策机制？图书馆应建立重大项目立项、重大资金运用、重要设备或文献采购的集体研究与表决制度，组织馆内外专家成立采访工作委员会、计算机管理委员会、数据库建设委员会、数字图书馆建设与研究委员会、服务改进与推广委员会等，由各委员会就图书馆发展的各项重大决策问题按照规定的决策程序和方法进行分析、论证与表决。决策程序一般包括：发现和提出问题，确定决策目标，拟订决策方案，分析评价方案，方案择优，实施决策、反馈并修正决策。决策方法包括：调查研究法、预测分析法、可行性分析法、系统分析法、决策树等。这种决策机制能够以集体智慧和民主的监督管理来保证图书馆实施科学决策，避免个别领导者由于在决策中出现经验主义、教条主义、主观主义而使决策失误或走弯路。

（二）基于用户信息需求和自身发展需求，构建图书馆可持续发展的原动力机制

图书馆发展的原动力机制是指图书馆求生存、图发展的动力及其作用机能，是图书馆及其员工从维护自身利益出发，对图书馆内外部环境因素及其变化的反应方式和图书馆不同员工行为之间的相互依存、制约及影响方式。从宏观上来说，图书馆的发展动力源于社会生产力的发展需求和社会成员对图书馆的信息需求。这种需求不仅决定了图书馆生存的根基，而且直接或间接地决定了图书馆的发展方向，构成了图书馆可持续发展的原动力。从微观上来说，图书馆的发展动力源于图书馆的改革、图书馆员自身的职业责任感与个人发展需求，它们成为图书馆可持续发展的直接推动力量。因此，为了实现图书馆的可持续发展，我们必须基于用户信息需求和自身发展需求，构建图书馆可持续发展的原动力机制，其核心是用户信息需求分析机制、利益分配与激励机制。

图书馆之所以存在并得到发展，是因为它能为用户（包括社会机构、组织与个人）提供基本的信息需求。需求决定发展。过去，图书馆很少主动去研究其用户信息需求，处于一种"闭关自守"的状态。然而在目前网络环境下，由于信息技术给图书馆发展带来了巨大的变化与冲击，我们必须重新

思考图书馆发展的诸多问题，如职能定位问题、发展方向问题、经济效益与社会效益问题、信息服务与知识服务问题、图书馆职业与图书馆员工发展问题、图书馆与社会、经济、自然协调发展问题等。对于这些问题的研究，根本出发点是从用户信息需求分析开始，既要面对现实，研究并提供目前用户急需的各种信息；又要面向未来，研究并预测今后用户信息需求的走向，为图书馆长远发展提供政策指导。为此，图书馆的用户信息需求分析应该包括如下内容：对信息服务中用户研究的认识、信息用户研究方法、用户信息需求结构与类型、用户信息需求的内在机理、用户信息需求的存在形式、用户信息需求的影响因素、用户信息吸收与利用效果分析。通过这些分析发现，满足用户信息需求的现实与潜在机会，挖掘图书馆可持续发展的生长点。

用户信息需求从外部对图书馆的可持续发展发生着影响和作用，而利益分配与激励机制可从内部促进图书馆的可持续发展。它可细分为分配机制和激励机制。图书馆应建立何种合理的分配机制？过去，图书馆实行的是以职称为主的工资分配制度。这种分配制度实质上是一种"大锅饭"，存在"干好干坏一个样，干多干少一个样"的现象。在一定程度上阻碍了图书馆事业的发展。现在大家都意识到必须对这种分配制度进行改革。虽然不同的图书馆可以结合本馆实际制订不同的分配方案，但是我们必须强调一点：应该基于多劳多得、优劳优得、一馆多制的原则构建图书馆可持续发展的分配制度。这种新型的分配制度本质上要求图书馆贯彻以按劳分配为主体、多种分配方式并存，把按劳分配和按生产要素分配结合起来进行分配。图书馆能够参与利益分配的主要要素包括岗位要素、业绩要素、技术要素、管理要素、职称要素、职务要素、工龄要素等。其中岗位要素、业绩要素、技术要素应该成为利益分配的最重要参考因素，也就是说，要把员工的实际工作能力与成绩当作利益分配的核心指标。

激励是另一种动力。图书馆激励机制就是图书馆主要管理者对管理范围内的人员所采取的调动、激发其积极性、主动性和创造性的一种综合行为机制。其功能是引导员工行为方式和价值观念符合图书馆规定或倡导的行为方式和价值观念，增强图书馆目标的吸引力和凝聚力，调动员工的积极性和创造性，以高效地实现图书馆目标。图书馆常用的几种激励方法包括：目标激励、工作激励、参与激励、奖励激励（包括物质激励、精神激励、时间激励、知识激励）、惩罚激励、领导行为激励、榜样激励、自我激励等。在这些激励方法中，我们认为图书馆管理者应该充分利用目标激励、工作激励、参与激励、时间激励、知识激励、自我激励六种方法来实现图书馆管理创新与可持续发展。这是因为根据美国著名心理学家和行为科学家马斯洛的"需要层次论"理论，人在满足基本的生理需要与安全需要的基础上，将逐步走向更高层次的社会需要——尊重需要——自我实现需要。目标激励可以激发图书馆员的工作热情；工作激励能使员工从工作中体验到愉快；参与激励可以让员工参与决策，采取集体讨论、集体决定的监督方法，有助于"自我实现"；时间激励能让员工享有一定的自由时间支配权利，获取"时间等于金钱"的收益；知识激励能激发与提高员工的求知欲、创造欲、工作热情与个人素质；自我激励有助于实现个人理想和抱负，最大限度发挥自身潜能并获得成就。

（三）基于公平开放、共建共享的原则，构建图书馆可持续发展的竞争与合作机制

图书馆为获得可持续发展，应该基于公平开放、共建共享的原则，在图书馆内部和图书馆外部（图书馆与图书馆、图书馆与其他社会机构）之间建立有效的竞争和合作机制。它可细分为竞争机制和合作机制。建立图书馆竞争机制的目的是：激发图书馆员的想象力与创造力，发挥图书馆员的积极性、主动性，为图书馆员提供展示才华、提高个人素质、实现自我价值的机会。充分利用工作时间，提高图书馆工作效率与质量。促进技术创新，实施科学的管理。提高图书馆有序化程度，增强图书馆自身组织能力与功能，保证图书馆的自身发展。而合理的图书馆竞争机制是建立在公平原则、双赢原则、诚信原则、开放原则等基本原则之上的，通过公开与公平的行业竞争或个人竞争来谋求图书馆的长远与高效发展。

除参与竞争之外，建立图书馆合作机制是图书馆谋求发展的另一种手段。长期以来，我国图书馆人为的、行政性的条块分割严重，图书馆间缺乏高效的交流和合作，在一定程度上阻碍了我国图书馆的发展。今后，图书馆应通过网络与国内外其他图书馆或其他信息机构建立多种形式的联合和协作，形成优势互补、业务关联、互惠互利的虚拟联盟，开展合作馆藏建设、合作编目、馆际互借、文献传递服务、参考咨询、数字图书馆建设、馆员交流与学习、文化交流（如联合书展、文化专题介绍、出版电子出版物）等；

也可利用网络与大学进行合作教学、科研和服务。事实上，国内外某些图书情报机构已经在此方面取得了长足的发展，显示出巨大的发展潜力，如国内的 CALIS，国外的 OCLC。

（四）基于组织结构创新，构建图书馆可持续发展的组织保障机制

图书馆可持续发展理所当然地不能缺少法律、政策、制度、物质、技术、人才和领导的支持。不过，图书馆组织结构具有特殊的作用与地位，它根据图书馆的目标和计划来设置不同层次的业务与行政部门，并规定各部门的隶属关系和相互关系、职能和职权的分工以及人员编制、技能的配备与协调，从而使图书馆成为一个结构有序合理、功能完备的有机整体。网络信息技术的快速发展在改变传统图书馆服务方式与内容的同时，对图书馆组织结构产生了冲击。传统的直线型、职能型、直线——职能型组织形式呈金字塔形，是层级制、垂直式的，它使得图书馆各部门之间壁垒森严、缺乏交流，图书馆整体功能的发挥受到限制或分割，因此已经不能适应图书馆自身发展的需要。那么，为促进图书馆的可持续发展，必须重组图书馆组织结构。尽管有人提出了图书馆组织结构创新的多种模式，如矩阵型交叉管理模式、蛛网型项目管理模式、车轮型学科单元管理模式、星型虚拟管理模式及其组合模式，但是从图书馆目前的实际情况和长远发展来看，图书馆宜采用"知识型团队"组织结构模式。所谓知识型团队，是一种以知识的创建、传播与应用为基本出发点的由相互协作的个体所组成的正式群体。

资源建设团队负责各种信息资源的收集、整理、数字化转换、描述和加工；信息服务团队主要负责图书馆服务项目的设计与创新，为用户提供各种各样的信息服务与知识服务，如包括外借阅览、参考咨询、网络导航、用户培训等在内的信息服务和包含知识发现、知识挖掘、知识创新等在内的知识服务；技术支持与开发团队负责图书馆新理论、新技术、新工具、新标准的研究与开发，系统设备的更新与维护，数据处理系统的升级与维护，数据的长期保存与安全保护等；高层管理团队负责规划、组织和控制本馆发展与建设的目标、步骤及进度，构建图书馆知识管理平台，促进馆员之间的相互交流和学习，协调本馆部门间、馆际间的相互关系，进行人事管理和财务管理，组织国内、国际的学术交流。所有团队通过局域网或互联网进行协调与沟通。这种知识型团队组织能够消除由于层层传递所造成的信息失真和延

误，加强团队间的相互协作与交流，便于用户参与知识开发与完善图书馆的各项服务，激发团队成员工作的积极性和创造性，改变领导与员工间控制与被控制的关系和建立起新型伙伴关系，实现组织结构的扁平化和图书馆业务流程重组。因此，它能为图书馆可持续发展提供组织保障。

（五）基于以人为本的原则，构建图书馆可持续发展的用人机制

图书馆员既是图书馆管理的实施者，又是被管理的对象，是图书馆可持续发展的核心决定力量。因此，我们必须基于以人为本的原则，构建图书馆可持续发展的用人机制。首先，要求树立以人为本的管理理念，将图书馆员作为图书馆系统要素中最重要的资源来加以开发与利用，包括员工的聘用、选拔、培训、激励、监督与约束等。以人为本要求从理念上尊重员工，从制度上关心员工，为员工创造良好的工作环境和生活条件，对员工的管理不再是以使用为中心，而是将人视为最有价值和最富竞争力的资本，以图书馆与员工的共同发展（双赢）为中心。其次，需要爱才、招才、惜才与用才。信息技术为图书馆提供了巨大的发展空间，在这个空间中，图书馆需要各种类型、各个层次的人才，特别是高技术人才。而目前我国图书馆界中存在一种现象——图书馆招收不到高层次的专业人才，图书情报学、计算机技术等方面的人才大都不愿意去图书馆而是愿意去出版社或公司等其他单位工作。但有些图书馆有人才却得不到重视与合理利用，导致人才流失严重。要改变这种不良现象，今后图书馆管理者应该在图书馆各项工作与事务中体现爱才之心、容才之量、举才之德、护才之魄、用才之道。最后，需要推行"能上能下"的管理制度，在图书馆内部形成"能者上、平者让、庸者下"的有效竞争机制，废除领导干部职务终身制和员工职称终身制，改管理干部的任命制为聘用制、员工用工制度的单向选择为双向选择。其方法是面向馆内外公开招聘，竞争上岗，通过自愿报名、公开演讲、面试答辩、组织考察等程序，确立最终的管理者或从业者。

第四节 基于分布式管理的图书馆管理创新

从古代藏书楼到现代数字图书馆的上千年发展过程中，图书馆管理历经了封闭式管理、半封闭式管理、科学管理、定量管理、目标管理、系统管

理以及知识管理等漫长的发展轨迹。其间，无论是图书馆的管理模式、管理方法，还是这些管理模式、管理方法中所折射出的管理思想、管理理念，无不体现出鲜明的时代特征。图书馆管理是认识论和方法论在图书馆发展过程中具体的、历史的统一。

社会的信息化进程促进了人们思想观念的转变，开放、和平等的观念深入人心，以信息、知识等无形资产为代表的新财富观逐渐形成。在社会的物质条件方面，现代信息技术不仅极大地缩短了信息传递的时空跨度，也带来了社会分工的细分化、专业化以及信息服务的个性化、专门化发展；市场经济环境日臻成熟，人员、技术、设备、资金等生产要素的流动更加规范和有序。就图书馆自身而言，也步入了一个多元化的发展时期，需要面对更为激烈的市场竞争环境。上述诸多方面的变化，为图书馆新的管理思想和管理方式提供了滋生的土壤，推动了新时代背景下图书馆管理的创新。

一、图书馆分布式管理含义

（一）分布式管理

分布式管理是计算机管理系统在网络环境下使用的一种管理方法，较为典型的例子是分布式数据库系统、分布式操作系统和分布式网络管理系统。分布式数据库系统采用"分散+集中"的设计理念，将分散在不同物理节点上的数据库通过计算机网络连接起来，进行集中统一的管理。既保证了数据库系统良好的局部访问性，又兼顾到系统的全局性。分布式网络管理系统则使用了"集中+分散"的管理方式，将整个网络的管理任务分散到多个对等域当中，每个域的管理者负责本域内的网络管理，并在需要时与它对等域的管理者进行通信。既有助于降低通信上的开销，提高网络的性能，又保证了整个网络管理的可靠性。分布式操作系统是通过网络将多个CPU连接起来，共同分担和执行操作指令，以协作的方式完成管理任务。

（二）图书馆分布式管理

我们根据开放系统的相似性原则，将计算机分布式管理系统中所蕴含的管理思想和管理理念运用于图书馆的管理实践之中，构建全新的分布式图书馆管理体系。为了更清楚地说明问题，我们将图书馆分布式管理系统分成两个系统，即资源分布式管理系统和职能分布式管理系统，并分别加以阐释。图书馆通过租用、聘用、合作、共享以及争取社会援助等多种方式，实现人员、技术、设备、资金、文献信息等社会资源向图书馆的"分散+集中"过程。图书馆通过出租、出借、转让、协作以及共享等多种方式，实现人员、技术、设备、资金、文献信息等馆内资源向社会的"集中+分散"过程。图书馆对馆内资源实行直接管理，对社会资源以契约方式进行间接管理。通过两种管理方式的有机结合，实现对一切可用资源的有效管理。图书馆通过项目合作、有偿服务等方式，承接更多的社会工作，不断拓展职能范围，实现信息服务、文化教育等职能由社会向图书馆的"分散+集中"过程。图书馆通过业务外包、项目合作、后勤社会化等方式将原有的部分职能交由相应的社会机构去完成，实现部分职能和辅助职能由图书馆向社会的"集中+分散"过程。图书馆对馆内工作实行直接管理，对社会机构承担的职能以契约方式进行间接管理，通过二者的有机结合，在社会范围内实现图书馆职能的重组和优化控制。图书馆与外部环境之间的"分散+集中""集中+分散"是一个双向的交流过程，而分布式管理的关键就在于对这一交流过程的集中统一控制。职能分布式管理和资源分布式管理相互融合、互为推动。一方面，资源管理以图书馆职能实现为目标；另一方面，职能的分布式管理也必然会带动资源分布式管理的发展。

二、图书馆分布式管理的特征

（一）图书馆分布式管理是开放式的管理理念

图书馆是一个开放系统，同外界存在着大量的物质和能量交换。虽然这一点已被大家所认同，但从现有的管理模式看，大多将管理的侧重点放在系统内部要素的组织和管理上，系统的开放性远没有得到充分的体现。21世纪的图书馆是更为开放的全球图书馆，它将真正摆脱地理环境的制约，成为世界性大图书馆不可分割的一部分。这就要求我们突破图书馆管理所固有的思维定式，将管理的着眼点从图书馆的内部组织转向图书馆与环境的输入输出控制，对图书馆与外部环境进行一体化管理。因此，我们认为，分布式管理较之以往的图书馆管理理念更具开放性和整体性，使我们能在更大的范围内，实现图书馆资源的合理配置和图书馆职能的优化组合。

然而，只要稍微转变一下视角，我们就会发现，培养、引进固然重要，但借用、聘用也同样可行。并且通过援助、交流、兼职、聘用等方式来构建图书馆人才库，既能避免固定人员增加所带来的各种负担，又能根据建设目标的变化，随时对人员组成结构灵活、自由地进行调整。这就是分布式管理带给我们的新思路。因为对分布式人力资源管理而言，其管理对象不仅仅是本馆的员工，而是一切可以以协议或契约方式"为馆所用"的社会人员。

（二）图书馆分布式管理是专业化的管理理念

图书馆的工作重心已从日常的事务性工作逐步转向信息的集成化服务，成为社会信息产业链中不可或缺的重要环节。一方面，我们强调图书馆是社会服务的提供者，要为社会提供文化、教育、信息等方面的服务；另一方面，图书馆也是社会服务的承接者，也需要充分利用其他机构所提供的社会化服务。因此，在社会分工更加细分化、专业化的背景下，图书馆有必要也有条件去改变以往事必躬亲的管理方式，重新考虑在其职能实现过程中同社会的合作关系和合作方式，大胆地将一些事务性工作和辅助性工作交由相应的社会机构去完成，探索一条全新的分布式管理思路。以职能管理为例。图书馆可以将一些非关键业务，如卫生、保安、水电、馆舍维护等行政后勤工作，交由家政公司或物业管理公司来完成；将一些标准化程度高、质量要求高的业务，如编目业务，交由提供此类服务的专业编目中心去做；将一些任务重、耗时长的业务，如馆藏文献的数字化加工业务，交由数字化图书公司去做；将一些难度较大、本馆人员难以胜任的业务，如系统开发等业务，交由专业的信息技术公司来完成。在国外，图书馆业务外包已涉及更高级的领域，如将读者宣传工作交给广告公司去做，有的图书馆甚至将全部管理工作交给专业的管理公司去完成。当然，在分布式管理体系中，职能的分散与集中是一个双向的过程。图书馆在将部分职能社会化的同时，也要充分发挥自身在信息资源和信息服务方面的优势，积极参与到本地区、本行业的经济建设中来，广泛地同社会各界开展多种形式的合作，承接更多的社会服务项目，获取更多的社会认同。

（三）图书馆分布式管理是共享式的管理理念

"资源共享"的概念由来已久，获取和拥有是与资源共享最为相关的两个范畴，即资源共享＝获取＋拥有。但长期以来图书馆界对获取和拥有的理解大多局限于资源的具体物质形态，而且共享的对象也往往局限于文献信息资源的范围。随着信息时代人们新财富的形成，资源的使用权同资源的所有权发生了分离，使得图书馆能够超越资源的归属权限制，将管理的着眼点从"管理我有的东西"转向"管理我用的东西",更多地从资源使用权的层面来考虑图书馆的资源共享。这种"形而上"的分布式管理理念,极大地拓宽了图书馆资源获取和利用的途径。无论是人员、技术、设备、资金,还是文献信息资源;无论分布在哪个部门、哪个地区,只要能以某种方式为图书馆所用,都应被纳入图书馆的资源管理体系之中,成为图书馆分布式管理的对象。因此,我们认为,图书馆分布式管理是对资源共享更深层次的诠释,是"形而上"的共享式管理思维。

以文献信息资源管理为例。"除了特殊的图书馆,如国家图书馆之外,一般的图书馆,特别是地县级图书馆,包括大学图书馆,不必以藏书量第一自居。"原文化部(现文化和旅游部)副部长艾青春同志在图书馆管理与改革研讨会上的这一番话,准确地反映了信息时代图书馆"馆藏"观念所发生的巨大变化。从分布式管理的角度看,图书馆的文献信息资源管理,不再是对本馆"馆藏"的管理,而是对一切可共享文献信息资源的管理。如互联网上的信息资源、社会公共信息机构的文献信息资源、经营性信息服务机构的文献信息资源等。通过对这些资源使用权的共享,使其成为图书馆文献信息资源体系中的一个有机组成部分,并同本馆的文献信息资源一起,构成现代图书馆的分布式文献信息资源体系。

(四)图书馆分布式管理是市场化的管理理念

图书馆是公益性的文化教育机构,其经费来源主要依靠国家的财政拨款。近年来,由于印刷型书刊资料的价格不断上涨,加之图书馆数字化建设的巨大投入,许多图书馆在经费上都感到捉襟见肘,"成本驱动"已成为图书馆管理中不得不考虑的一个重要因素。另外,信息的产业化发展和市场经济体制改革的深入,为图书馆提供了一个日臻成熟的市场经济环境。置身其中,图书馆传统的纯粹利他主义行为正受到越来越多市场因素的影响和冲击。在与外界的交往过程中,现代图书馆的行为更多地表现为市场行为,而经济规律和市场经济的原则也已逐渐成为图书馆所必须遵循的行为准则。

图书馆分布式管理正是顺应了市场化的发展趋势,在资源分布式管理和职能分布式管理中,以成本效益分析为基本出发点,将投入产出比、成本效益比作为图书馆管理和决策的重要依据,表现出典型的市场化管理特征。例如,在图书馆数字化资源建设中,我们是立足于"自建"还是"引进"?

在"引进"的资源中是以"对等交流"为主还是以"外购"为主？对"外购"部分是采用会员制，是建立镜像站点，还是直接购买数据光盘？这些决策完全取决于市场的情况和成本效益分析的结果。

  图书馆分布式管理作为一种管理模式或管理体系尚不够成熟，有待于进一步丰富和完善。但作为图书馆领域一种全新的管理理念，却极大地扩展了图书馆管理的空间和时间范围。我们真诚地希望图书馆的分布式管理理念，能为网络环境下图书馆的管理与发展提供一些启迪，带来哪怕是某一点上的突破。同时，也希望分布式管理能在更多的图书馆管理实践中得到验证和发展。

第三章 我国现代图书馆行政管理

第一节 我国现代图书馆的行政管理简析

一、图书馆行政管理的内涵

我们知道"管理"一词的历史与行政相比，显得更加久远，范围也更加广泛。可以说，人类社会的管理现象与人类社会是同时产生的，只要存在着两个以上的个人或两个以上的群体的共同活动，就有了管理活动。现代英语 Administration，即行政，就是从拉丁文 Adimiruatrare 而来，按国际通用的《社会科学大辞典》的解释：行政指的就是国家事务的管理。这种起源于原始氏族和部落公共事务的管理，随着阶级和国家的产生而产生，并随着阶级和国家的变化发展而变化发展。因此，作为管理的一种形式，结合行政的具体含义，人们将行政又称为行政管理。在当前社会，行政管理的概念已经大为扩展，其含义也有了本质的不同。

目前，对于行政管理概念的理解存在着一些分歧，主要有以下三种观点：一是狭义的行政管理。从国家"三权分立"的角度理解行政管理，认为行政管理是国家行政组织即政府系统依法对国家事务和社会公共事务进行管理，是国家行政权力的运用。二是广义的行政管理。这种观点从整个国家管理的角度理解行政管理，认为行政管理的范围应该包括整个国家的管理活动，即凡属国家机关的活动都是行政管理活动。三是最广义的行政管理观点。认为行政管理不仅包括一切国家机关的管理活动，而且包括企业、事业单位和群众团体管理活动。

在第三种观点中，行政管理行为已经不限于国家权力的行使，而将企业、事业单位和群众团体的管理活动纳入行政管理研究的范畴，这主要是由于国家和所有的单位、团体、组织都是出于某种确定的目的而形成的，这就需要对这个单位、团体、组织的行为进行必要的指挥和协调。具体包括行政目标的确定，决策、计划的制订和执行，人员的安排，经费的管理等一系列行为，组织内的所有行为都是为实现统一的目的围绕这些行为而做出的。所以，国家行政管理与其他单位、团体、组织的行政事务管理相近似，这就使第三种观点越来越得到大家的接受，除学术或专指国家行政权的行政管理概念外，日常生活中人们提到的行政管理，指的都是最广义上的行政管理观点。

图书馆的管理工作按不同工作内容可以分为业务管理和行政管理。其行政管理工作指的就是图书馆的管理者，按照本单位的工作特点和工作性质，通过计划、组织、决策、指挥、控制、协调等一系列行为，使图书馆的人力、财力、物力、时间等资源合理地得到使用，以帮助完成图书馆工作最终要求达到的目的。图书馆行政管理作为图书馆管理工作的重要组成部分承担着图书馆建设中的辅助作用，为图书馆业务发展和读者管理提供有效保证。

二、图书馆行政管理的特点

图书馆行政管理作为图书馆管理的重要组成部分，在图书馆的建设和发展中具有重要作用，影响着图书馆管理的成败，这主要是由行政管理的特点所决定的。图书馆行政管理具有以下特点。

（一）引导性

所谓行政管理的引导性指的就是行政管理工作对图书馆的正常运行起着引导作用。行政管理部门负责本单位规章制度的制定、执行和监督，这就对工作人员的行为产生了一种导向作用，引导工作人员按着一定的标准和要求进行工作，使图书馆管理工作达到事半功倍的效果。

（二）约束性

图书馆作为一个组织整体必须要具有统一的目标、统一的工作标准，这就需要依靠具有约束力的行政手段来实现。在行政管理的实践中并不是全面采取这种具有约束力的行政手段，如在图书馆工作中的决策、计划的制订需要以民主为基础，但在决策、计划的执行上则需要具有约束性的行政手段介入，从而强制保证决策、计划的实施。

（三）凝聚性

凝聚性是决定着图书馆内部发展的活力。在当今社会，图书馆作为公共事业单位在发展中面临着众多困难，这中间包括资金因素、人员因素以及社会因素等。当这些因素对图书馆的发展产生影响的时候，作为图书馆调解中枢的行政管理部门就要发挥其凝聚性，解决这些不稳定因素给图书馆带来的负面影响。

三、图书馆行政管理的基本原则

图书馆行政管理的原则是行政管理本质的反映，其实际内容和具体的表现形式，是决定行政管理工作如何进行、怎样进行的基本准则。

（一）服务性原则

图书馆行政管理的服务性原则指的就是行政管理工作是为本单位的各项基础业务管理提供服务的，既包括工作人员的需要，也包括广大读者的需求。服务性原则不仅贯穿于行政管理过程的始终，而且贯穿于行政管理的各个领域和各个环节。

1. 为图书馆业务提供服务

图书馆是一个以为读者服务为基础业务的组织，这项基础工作受诸如财力、物力的支撑，工作人员的选择、培训等多种因素的影响，而行政管理工作正是可以左右这些因素的关键环节。行政管理必须秉持对业务管理服务的原则，根据业务管理的需要，有效、及时地满足所有业务管理过程的需要，促进图书馆事业的发展。

2. 为工作人员提供服务

图书馆工作人员是图书馆事业发展最活跃、最积极的因素，充分调动这部分人的积极性、主动性、创造性，使他们将爱岗敬业的精神真正地投入工作中去，才是实现图书馆事业创新发展的保证。行政管理工作的一项重要内容就是要妥善做好人力资源的管理工作。人事管理中不仅要注重提高全体馆员的职业和道德素质，还要努力促进馆员的工作积极性，使他们在工作中没有后顾之忧，解决好工作人员的各种合理需求，保护馆员的身心健康。这就要求行政管理者要将服务原则运用到人事管理中，要具体结合本单位的实际情况，切实了解馆员的需求，耐心细致地开展人事管理工作。

3. 为广大读者提供服务

读者是图书馆的服务对象，图书馆的所有服务和业务都是以读者为核心，围绕读者展开的。行政管理也是一样以读者为中心，虽然行政管理人员并不直接与读者接触，但行政管理所承担的涉及的财务、后勤等工作与图书馆的对外服务密切相关。行政管理在读者和业务管理中起着调解中枢作用，是读者所享有的各类信息服务、知识服务的保证。

（二）效率原则

效率原则就是指用最少的行政投入（包括人、财、物等），获得最大的行政产出（包括社会效益、经济效益等）。具体到图书馆应该从以下几个方面着手。

1. 建立高效率的行政组织机构

行政管理工作需要建立高效率的行政机构，设立这种机构应该做到：一是合理设置行政机构。机构的种类、数量的多少、层次的划分、规模的大小都要从实际出发，部门之间要分工合理。二是科学地确定行政管理机构内部的人员结构。任何行政管理机构都是由若干职位构成的，根据实际需要确定行政机构内部的各种职位，按照职位配备具有相应才干的人员。三是实行定编定员。行政人员的数量应科学地设置，注重精简机构，避免人员过多，无所事事，人员过少，穷于应付，妨碍行政效率的提高。四是要不断提高行政工作人员的职业素质和道德修养。行政管理是一门科学，从事的工作对行政人员的文化素质和职业道德有较高的要求，同时，从事这项工作还要对图书馆的基础业务有所了解，才能适应图书馆的发展要求。

2. 建立和健全行之有效的行政工作程序

图书馆行政管理工作涉及的范围非常广，处理的问题又非常复杂，很多问题还具有专业性。因此，为了有效地执行日益复杂的行政事务，行政管理工作程序必须科学化、制度化，使行政管理工作在具体操作时做到有章可循，还方便行政管理管理工作的考核。

3. 健全岗位工作责任制

岗位工作责任制是提高工作效率的有力保证。图书馆应根据行政工作的性质和特点，明确划分行政责任，职责要分明、分工要详细，应有数量、质量、时间等具体指标的要求，明确政绩考察的内容，建立各项考核和奖罚制度。一旦出现问题，立即追究，形成人人有动力、有压力，充分发挥人们工作的主动性和创造性，提高行政效率，避免不必要的人、财、时间的浪费。

(三)整体原则

图书馆行政管理工作是一个多方面、多层次、多环节相互依赖、相互作用的有机整体。一方面，行政管理工作对图书馆基础业务具有辅助作用，为图书馆业务管理提供财力、物力的支持。另一方面，行政管理工作又决定着图书馆的发展方向，所以要求行政管理部门要积极与业务管理部门互相沟通，使行政信息协调、统一地在各部门之间运行，使业务部门与行政管理部门形成一个相互促进的整体，实现图书馆管理的目标。

第二节 我国现代图书馆的组织结构与管理者

一、图书馆行政管理的组织结构

(一)图书馆行政管理组织结构设置的必要性

我们知道组织作为一种社会现象，是一切社会管理活动赖以开展的基础。同样地，图书馆的行政管理组织也是图书馆开展本单位管理活动的基础。依靠行政管理组织图书馆工作人员可以在本单位这个框架内进行交往互动，满足各种工作需求，实现图书馆业务的正常进行。图书馆行政管理组织是一种有着相对明确的边界、规范的秩序、权威层级、沟通系统及成员协调的集合体，这一集合体具有一定的结构性，其从事的活动往往与多种目标相关，其活动对图书馆工作人员、图书馆本身以及外部社会环境都产生一定影响。

具体地讲，图书馆的行政组织结构是指在图书馆中建立起来的各种部门或机构之间，以及部门机构为依托的图书馆成员之间的权利和责任关系的结合方式，是表现图书馆各部分排列顺序、空间位置、聚集状态、联系方式以及各要素之间相互关系的一种模式。即按照本单位的工作性质把工作进行精确分工，然后在分工基础上进行协作以完成工作目标的各种途径，包括设定工作岗位，将岗位组合成部门，确定达到什么样的要求，如何使不同层次的部门能按时完成本单位的工作任务，最终实现本单位的目标，达到预期的结果。图书馆行政组织的结构建立是一件非常复杂而细致的管理工作，因为没有一种合适的行政管理组织，没有严密的分工与协作，是不可想象的。图书馆行政组织的工作目的就是要通过建立一个适于本单位工作人员相互合作、发挥各自才能的良好环境，从而消除由于工作或职责方面的原因引起的各种冲突，使工作人员能够在自己的岗位上为本单位的目标实现做出应有的贡献。

（二）图书馆行政管理组织结构设置的原则

在现代化图书馆行政管理中，合理的行政组织结构是各项基础业务的客观要求，这就要求图书馆行政管理组织结构设置时应遵循以下几点原则。

1. 权责对等原则

图书馆行政管理职责是本组织成员在一定职位上应该担负的责任。而其职权则是为了担负责任所应该具有的权力，组织中的每一个职位之间的任职者都具有相应的权力并承担相应的责任。由于权力、责任和职位之间的相关性，因而人们往往把职位上的责任和权力简称为职权、职责。为了能够使行政管理人员完成其职责，又不至于滥用权力，要求在组织结构设置时要注意权责对等。

2. 统一指挥原则

图书馆内部的部门和职位之间的地位并不平等，而是具有层次结构的，这就产生了上级如何指挥下级的问题。因此，在图书馆行政管理中要求贯彻统一指挥的原则，以避免多头领导和多头指挥。

3. 高效精干原则

图书馆的行政管理组织设置要把高效精干原则放在首要位置上，力求减少管理层次，精简管理机构和人员，充分发挥组织成员的积极性，提高管理效率，在保证行政管理职能的基础上，要更好地实现本单位的工作目标。

4. 分工协作原则

图书馆组织设计要确保组织内既有合理的分工，又要在分工的基础上保持必要的协作。由于组织机构之间的分工不能过细，以避免机构增多、浪费人力资源以及部门之间责任不清和职能交叉等情况。所以应根据组织的具体情况从各项管理职能的业务性质出发，在行政管理的组织内部进行合理的分工，划清职责范围，提高管理专业化程度，以达到提高工作效率的目的，并且加强协作、相互配合。

（三）图书馆行政管理组织结构模式

职能型组织结构是图书馆行政管理组织在自身的发展过程中形成的结构模式，这种结构是在馆长统一领导下，按照各项工作职能分工设置图书馆的若干部门，每个职能部门直接对其上级领导负责，并在其职能范围内对本部门的员工有指挥、协调、监督等控制权力。

职能型组织结构的优点是，各级管理者分工明确，可以充分利用本部门的资源，有效地处理比较复杂的问题。对提高馆员的积极性、主动性和创造性具有良好的效果。同时，职能型结构还可以减轻上级领导的工作负担，使其能更好地处理重大问题。但这种组织结构的缺点是，容易造成多重领导，出现政出多门的现象，各部门容易从各自的利益出发，造成互相推诿的情况，进而影响统一指挥、增加了协调的困难。这种情况下，就需要较高层次的领导在进行管理的过程中关注大局，从图书馆的整体发展出发，避免各自为政的出现。

（四）新环境下的图书馆组织结构变革

不可否认，职能部门化的组织结构曾经推动图书馆事业的发展，既保证了馆长的统一指挥，又能发挥职能部门的专业管理作用，促进了图书馆人才的专业化发展。但是在新技术环境下的今天，社会对图书馆的需求呈现多元化、专业化、综合化，传统的职能部门化的组织结构已不再适应图书馆的发展目标了。当前，讨论最多的是扁平化的组织结构和矩阵式组织结构在图书馆中的应用以及图书馆组织的再造。

1. 扁平化的组织结构

所谓组织扁平化是指以管理信息的运行作为主轴和中心结构，将原来的管理层次缩减或压缩，把中间管理幅度加宽，职能加以扩展，允许内部组合多样化。扁平化组织结构的目的在于调动各层级管理人员、作业人员的主动性和创造性，对环境反应敏捷，使决策迅速。扁平化组织结构的特点是：组织结构层次少；信息获取、传递和运用都十分方便快捷；中间层管理幅度大，可以进行信息的传递；决策权向组织机构下层移动，扩大了员工共同参与组织工作的机会。

信息技术的应用实现了图书馆工作流程的自动化，它可以集成许多等级部门的功能，从而缩短了信息流转的周期。对于管理者而言，信息技术的应用，一方面在很大程度上提高了管理控制幅度，另一方面消减了中间管理层的决策作用。与此同时，金字塔式的等级制组织结构的弊端也日益显露。传统图书馆的等级管理结构将变得不仅无法使工作人员满意，还存在功能性方面的障碍。图书馆应当寻求一种平衡机制，充分考虑各种任务的提出、宣传和实施，并通过提高个人的责任感，以达到它的战略目标。扁平化组织结构的产生，将提高图书馆对周围环境的反应能力与应对变化的效率。

2. 矩阵式组织结构

矩阵式组织结构是借用数学中的"矩阵"概念进行图书馆组织的一种方式。它是在直线式组织形式和直线职能式组织形式的垂直管理基础上，强化图书馆组织的横向领导关系，使纵向的指挥与横向的领导相结合，注重计划与目标的结合、部门与项目的结合，从而形成纵横交错的组织管理构架。可以说，矩阵式图书馆组织结构是由图书馆管理的两套系统所组成，一套是建立图书馆管理的职能管理系统，另一套是图书馆活动中各项任务之间项目管理系统，它打破了图书馆组织中统一指挥的传统原则与方式，具有职权的平衡对等性。在新技术条件下图书馆的管理活动能够协调和平衡任务与部门之间的关系，适应图书馆组织目标和信息资源与服务活动的多重要求，是一种较为理想的图书馆组织结构形式。但是，这种图书馆组织结构形式若不注重职责权限的划分，就容易引起管理上的混乱，形成多头领导的局面。矩阵式组织结构最大的特点在于具有双重命令系统，小组成员既要接受职能部门管理者的直接领导，又要服从临时项目小组负责人的指挥。

相对于传统的纯职能部门化的组织结构而言，矩阵式结构具有以下优点：第一，各职能部门的设计更能适应新技术的发展，针对社会的需求，体现以用户为中心的思想。在原有职能部门的基础上解决了一般组织形式横向关系脆弱的弊病，使新的职能部门能够将工作重点放在向用户提供优质的信息服务上。第二，它有利于不同职能部门之间的协调和信息沟通，加强部门之间的横向联系。在临时项目小组中，来自不同部门的成员在完成项目的同时所进行的全方位交流，集中各种专业的知识和技能，迅速完成任务，提高了管理组织的灵活性，增加小组成员对各个部门的了解和配合。这样可以改变传统金字塔形图书馆组织结构中部门沟通闭塞的缺点，加强部门之间的联系与协作。第三，它能较好地解决组织结构相对稳定和管理任务相对多变之间的矛盾。新技术的发展与应用也给图书馆带来了相当大的冲击，图书馆需要相对稳定的组织结构，以保证常规业务顺利有效地开展。临时项目小组的成立就有利于应付突发事件的产生。

当然，矩阵式组织结构也存在不足，纵向系统和横向系统同时存在，如果不注意职责权限上的划分，就容易引起指挥上的混乱，造成多头领导的局面。

3. 图书馆组织的再造

近年来，科技发展引发经济全球化浪潮，市场竞争日趋复杂，导致企业外部环境急剧变化，企业内部原有的以亚当·斯密"分工理论"为基础的部门结构和业务流程很难适应新变化。强调应用现代科技，重新设计作业流程，以便对用以衡量企业绩效的关键指标如成本、质量、服务和速度做大幅度的改善。再生工程不同于一般改革，不是改组，也不是规模缩减等组织改革措施，而是从深层次开始进行的全新的再设计，即重新思考工作流程，将人力分配与业务流程彻底翻新。在机构改造中，以求对成本、品质服务和速度等影响绩效的重大因素做大幅度的革新，从而最终提供企业的整体竞争力。国内外一些企业通过再生工程迅速取得了骄人的业绩。

再生工程是企业改造的理论，从管理方面来讲，图书馆界也可以运用这一理论，结合实际工作，进行组织的再造。从再生工程的理论来看，我们必须重新审视图书馆的作业流程，将大量的信息技术运用到作业流程中去，改变传统图书馆原有的层次结构与分工方式，正确处理图书馆技术服务与外包作业的关系，简化用户服务的相关流程等。以用户需求、流程为导向，建立以人为本的图书馆组织再造流程。

（五）图书馆行政管理组织的工作内容

由于行政管理工作在图书馆管理工作中的中枢作用，决定了图书馆行政管理工作的多样性。这些具体的工作按照职能进行划分可以分成以下几项工作内容。

1. 人力资源的管理

人是图书馆构成要素中的活跃因素，管理好人力资源才能做好各项基本工作，发挥图书馆的信息资源优势。因此，人力资源管理是图书馆行政管理工作的核心，是行政管理工作的重中之重。

2. 财务管理

对于以政府财政拨付为主要来源的资金和资产进行管理，保证图书馆运行的物质基础。

3. 对外事务管理

作为一个文化事业单位，图书馆在正常业务活动中要不断地与外界进行交流，这里既包括举行各种文化活动、学术交流，也包括接待上级单位检查、兄弟馆参观等一系列外事活动，而这部分工作者需要由行政部门策划、接待和处理。

4. 规章制度的建立和完善

图书馆工作是一项兼具学术性、业务性、服务性的复杂劳动。为了更好地完成图书馆的职能和工作，实行科学化管理是不可避免的。而实行科学化管理的关键就是建立健全图书馆的各项规章制度，这些制度应包括：馆内各个部门的工作职责；每个工作岗位的工作细则；各级管理者的权利与义务；各种会议制度；各种工作规范；考核、考勤制度；休假制度；奖惩制度等。这些制度是行之有效的管理工具，既有制约作用，也有激励作用，对规范馆员的各种工作行为具有重要意义。

5. 内部事务的沟通、协调

图书馆行政管理工作中的一项重要内容就是承上启下地做好信息沟通工作。这里的承上启下指的是接受领导的指示、决策和命令后向下级各个部门进行传达，并将下级部门对指示、决策和命令的反应和执行情况向上级领导进行反馈。

6. 读者接待服务工作

一般来说，接待读者并为其提供服务并不是行政管理部门的主要工作，但作为图书馆的一分子，行政管理部门在工作中也要注意配合业务部门尽可能为读者提供服务，解决读者在接受服务过程中遇到的困难。

7. 后勤管理

后勤工作虽然表面看起来简单，但其工作内容却与图书馆职能的正常运转密不可分。后勤工作具有服务和保障特性，主要为图书馆提供各种服务和资源性保障，具体包括水电维护、设备维修、办公物品采购等一系列活动。这些活动为馆员和读者提供了便利，是行政管理工作中不可分割的一部分。

总之，行政管理工作艰巨繁杂又零散琐碎，本章对人力资源管理和财务管理这两项行政管理工作中最重要的两项进行了专门论述，行政管理工作的其他内容虽然并没有进行详细的论述，但在行政管理工作中同样重要，其工作效果的好坏也直接影响着图书馆工作的正常运行。图书馆应该加强行政管理的各项工作，以科学、合理的方法使行政管理工作充分发挥其枢纽作用。

二、图书馆的管理者

（一）图书馆管理者的重要性

从图书馆的性质和职能来看，无论其从事的是图书馆的基础业务（如采、编、流的工作人员），还是从事其他工作（如财务、办公室等），所有馆员从事的都是一种管理工作。但这种管理工作仅是一种同管理有联系的业务活动，并不从事对人的管理，故而只能称为业务管理人员，而不是真正意义上的管理者。对图书馆工作来说，只有那些在从事管理过程中对图书馆的普通馆员进行领导、组织协调和监督的人员，才是真正的管理者，即中级管理者各部门的主任和高级管理者馆长。

管理者对于图书馆的发展具有非常重要的作用。第一，图书馆的生存发展在很大程度上取决于这些管理者的决策，特别是高层管理者的战略决策，取决于高层管理者能否审时度势，把握环境的变化，抓住机遇，有胆略地进行风险决策。第二，图书馆要取得良好的运行效果，必须有严格的管理，而严格的管理要依靠管理者设计、拟定和实施一整套符合图书馆运行的管理制度。第三，合格的管理者本身应是创新者和改革者。在图书馆快速发展和信息膨胀的当前环境中，墨守成规、不改革、不创新，图书馆的发展将无法适应变化着的形势。这就要求管理者尤其是高层管理者作为变革者，去克服发展中的重重阻力，排除各种干扰，积极改革创新，利用自身敏锐的洞察力和创新胆量营造图书馆的未来。第四，图书馆的发展在很大程度上依靠本单位各部门之间的协调和配合，因此要求面对各部门之间的沟通和矛盾解决，管理者既要有权威，又要有经验，才能把各部门的力量集中到实现统一的工作目标中来。第五，图书馆工作目标和社会效益的实现，要依靠广大馆员的工作热情和奉献精神，这就需要管理者在工作中要充分调动馆员的积极性、创造性，开展深入细致的思想工作，不是单纯说教式的空洞工作，而是贴近馆员的生活实际和工作实际，从而加强图书馆的工作凝聚力。

（二）图书馆管理者的职能

图书馆管理者的工作是纷繁庞杂的，既有图书情报专业方面的工作，又有日常管理上的工作。一般而言，管理者工作层次越高，他将着重于非结构化的、非专业化的、长远性的工作安排。而低层管理者主要是保证组织内部稳定的工作，因此更关注的是当前的、具体的、集中的和短期性工作。归纳起来，管理者必须做好的基本工作有以下几项，只有将这些基本工作完成，管理者才有可能综合各种资源，实现图书馆的工作目标。

第一，拟定工作目标。不论是中级管理者还是高层管理者，在工作中都应拟定一定的工作目标，然后以这些目标为基点，决定为达到这些工作目标所做的事情，并将工作目标向负责管理的馆员解释清楚，借以使目标有效达成。

第二，组织执行工作。分析所需要完成的工作目标，将工作分类，并将其交给相关的执行部门或个人。

第三，联络协调工作。将负责各种业务的馆员组织起来并开展必要的沟通和协调。

第四，考核。管理者对其管理的部门和个人的业绩进行科学、客观的评价，将各种考核的意义及其结论传达给部属、上司及同事，以便做出必要的改进。

第五，培养人才。善于发现下属的特殊能力和才干，有目的进行培养。

（三）图书馆管理者的素质及其培养

由于管理者要在图书馆的管理工作中充当多种角色，履行管理的各项职能，这就要求他们需有坚实的知识背景和基本的管理技能。那么，管理者应该具有什么样的素质呢？众多管理学家提出了很多观点，但总体来看，一个管理者的素质应该包括品德、知识水平和能力三大方面。因为品德是推动一个人行为的主观力量，决定着个人工作的愿望和干劲。知识和能力代表了一定的智能水平，决定着一个人的实际工作能力。可以说，素质是决定着管理者为谁干、为何干和能干得怎么样的内在基础。

1. 品德方面

一个人的品德体现了其世界观、人生观、价值观、道德观和法制观念，持续有力地指导着一个人对现实的态度和行为方式。作为一名管理者，应该具有强烈的管理意愿和良好的心理素质。

（1）管理意愿和责任感

作为管理者必须具有为他人工作承担责任、激励他人取得更大成绩的愿望。如果管理者缺乏这种意愿，那么他就不可能是一个成功的管理者。管理愿望是决定一个人能否学会并运用管理基本技能的主要因素。只有树立起一定的理想，有强烈的事业心和责任感，管理者才能在管理岗位上有所作为，有所贡献。

（2）良好的心理素质

管理工作具有其特殊性，作为一名管理者，除了要有强烈的管理意愿外，良好的心理素质也是必备要素之一，即要具有创新精神、实干精神、合作精神和奉献精神。面对复杂多变的管理环境，管理人员要具有创新精神，要勇于引进新的技术、起用合适的新人、采用全新的管理方式，要敢于冒险并承受风险带来的损失。缺乏这种心理素质的人是不适合从事管理工作的。当然，管理者要有与人合作共事的精神，善于团结群众、依靠群众。同时，图书馆的管理者要有一种服务于图书馆、服务于馆员和读者的奉献精神。

2. 知识方面

图书馆管理工作要求管理者掌握一定的图书情报专业知识，这些专业知识同管理知识一样是提高管理水平和管理艺术的基础与源泉。因此，管理是一门综合性的科学，涉及的学科知识很广。一般来说，图书馆的管理者应该掌握以下几个方面的知识：

（1）政治、法律方面的知识

要掌握党和国家的路线、方针、政策，国家的有关法令、条例和规定。

（2）图书馆学、情报学和管理学知识

要求管理者具有图书情报知识背景，并且管理学知识也是图书馆管理过程中必不可少的知识。

（3）心理学、社会学方面的知识

善于协调人与人之间的关系以及调动员工的积极性。

（4）计算机方面的相关知识

图书馆在当今社会的发展离不开计算机，不论是图书馆业务管理方面、信息提供方面，还是图书馆行政业务的管理，计算机专业知识的应用必不可少。

3.实际能力方面

一个成功的管理者并不意味着只要把管理的理论、原则、方法背得滚瓜烂熟即可,而是能很好地把各种管理理论与业务知识应用于实践,进行具体的管理,解决实际问题,这才是管理者的实际能力。而提高管理技能最有效的方法就是通过实践。在实践中,管理者的基本理论和专业知识不断积累和丰富,既有助于将能力与知识联系起来,使实际能力有所增长与发展,同时又促进管理者对基本理论知识的学习消化和具体运用。

三、领导者——图书馆中一类高要求的管理者

管理和领导是两个既有所相似又有所区别的定义,相似之处在于两者都涉及对要做的事情做出决定,并尽力保证任务得到完成,两者都是完整的行为体系;区别在于管理强调微观方面,侧重具体事项,注重的事情基本在几个月或几年的时间范围内,时间较短,看重风险的排除以及管理行为的合理性。领导则注重宏观方面,侧重于发展的整体性,关注更长时间范围的事情,具有一定风险战略的部署。更基本的是,领导和管理具有各自的主要功能。领导能带来有用的变革,管理则是为了维持秩序,使事情高效运转。

基于以上认识,对图书馆的管理者认识就要有所区别。馆长作为图书馆管理者的一类人群就超出了其他管理者,是一种领导者地位,在图书馆的发展中占有更加重要的位置。而领导者馆长也要有着区别于普通管理者的素质和领导行为。

(一)领导者(馆长)应具备的素质

与普通管理者相比,领导者(馆长)应具备以下几种共同素质:第一,战略思考能力。领导者(馆长)对图书馆发展的指导思想和长远目标应该具有很好的战略思考的能力,不论遇到何种挫折和失败,都应坚持和奋斗下去。第二,充满激情。领导者(馆长)应对未来的图书馆事业和工作充满激情,真心喜欢自己所做的工作。在工作中用自己的激情鼓舞图书馆的馆员,使馆内的工作氛围浓烈,促进各项工作的完成。第三,公正。这里的公正包括领导者(馆长)对自己能力的公正评价和对其属下工作人员能力与工作成果的公正评价。因为一个人不了解自己的优缺点和真正的能力是不可能取得成功的。而善于观察、善于和他人共事、善于向别人学习,对自己属下的工作能力和成果要公正、真实地评价,同样也是领导者应具备的素质。

（二）领导者（馆长）的关键行为

1. 为图书馆构建远景

作为图书馆的领导者（馆长）只是一个不变的工作岗位，但实际执行人却总是在不断变化中的，这就使得图书馆的发展要很大程度上受到人员更换的影响。因此，图书馆要想成功发展，就需要在管理中注重保持不变的核心价值观和发展目标，这是图书馆不断地适应外部变化成功发展的稳定标志。而图书馆核心价值和发展目标的确定就需要领导者（馆长）的远见卓识和有活力的远景规划。

2. 识别和关爱下属

真正的领导者应该了解下属的工作内容和在工作中面对的压力，通过仔细倾听和敏锐观察，认识到下属的需要，在合理范围内考虑他们的最大利益。当前在图书馆行政管理中所需处理的各种关系呈现多样化的发展趋势，领导者（馆长）处于这种关系网的核心。这就要求领导者必须了解其下属的观点和态度，这既是领导者（馆长）向他人表示尊重和认可的最佳方式，也是领导者（馆长）向群众学习的一种表示。

3. 正确利用和提高下属的工作能力

领导者（馆长）的一项基本任务就是不断地提高其下属把共同的价值标准付诸实践的能力。为了实现这一任务，领导者（馆长）要增强下属的能力和自信，提高图书馆这个团队的工作能力，树立起领导者（馆长）的威信。此外，为了实现这一任务，还必须保证下属有接受教育的机会，以便增加其知识和技术，并在提供资源上给予支持，使下属能够将其能力投入对图书馆有益的用途中。

4. 服务于图书馆的发展目标

领导者（馆长）的职责就是为图书馆的发展目标而服务，这就要求他们要以行动表明自己将图书馆的发展目标置于工作首位，要在各自的岗位上做好自己的本职工作，以实际行动表明自己的决心，努力为图书馆的利益去奉献。并且，通过自己的行为去感染下属，使下属为同样的目标而奋斗。

5. 保持希望

一般情况下的图书馆都是国家投资的事业单位，这就使得图书馆在发展过程中缺乏企业那样的竞争性。这种竞争性的缺乏，使得图书馆的发展缺少了一份活力和激情，因此，领导者（馆长）应该让馆员充满希望，努力激发他们的才智和能力，使图书馆的发展一直保持希望，保证图书馆拥有发展的活力。

第三节 我国现代图书馆人力资源与财务管理

一、图书馆人力资源管理的内容

人力资源是重要的社会资源和经济资源，在人类组织活动中发挥着积极的能动作用。随着信息技术的广泛运用，对人力资源的结构和组织方式提出了更高的要求。因此，人力资源管理已成为有效实现组织既定目标的关键因素。图书馆作为社会信息交流的有机实体，如何适应社会发展的需要，建立合理的人力资源管理机制，真正做到在图书馆工作中发现人才、培养人才、吸引人才，从而使图书馆人力资源与物力资源实现完美结合，达到最佳运行状态，是当前图书馆管理活动中的主要任务。从某种意义上讲，图书馆人力资源的数量和质量关系到图书馆事业发展的活力和水平。

（一）图书馆人力资源管理的定义

对人的管理成为一种系统的、科学的学问，是在社会工业化以后才出现并逐渐发展而成。早期对人的管理被称为人事管理，20世纪70年代后称为人力资源管理。这一转变不仅仅是在名称上和形式上，在内涵上和基本观念上也发生了根本的转变。

早期的人事管理，是将人作为单纯的被管理、处置和安排的对象。人事管理主要包括人员的招聘、选拔、委派、人事档案管理、薪金福利制度的设计、纪律执行以及其他人事规章制度的制定，人事管理的工作通常由专职的职能管理人员来完成。而人力资源管理则把人作为组织中最宝贵的资源来进行管理和开发，更具长远性、整体性、全面性和战略性。除了上述人事管理的内容外，还包括人力资源的长期规划以及人力资源管理的更高一层境界启发与培养员工的归属感、忠诚心和觉悟。要做到这一点，必须通过有效的领导、充分的授权、双向沟通、信任以及在被重视的情况下才可以实现。因此，人力资源管理工作不再仅仅是人事部门的工作，而是图书馆管理者的基本职能之一。

由此我们可以将人力资源的管理定义为：通过对人力资源要求的分析，不断地获得人力资源；通过招聘、选拔、安置、提升、把人力整合到组织中；通过考评和确定报酬，保持和激励他们对组织的忠诚与积极性，控制他们的工作绩效；通过培训和培养，开发他们的潜能，以支持组织目标的实现。

人力资源管理作为一门科学，其理论最早出现于西方发达国家，它是现代社会化大生产高度发达、市场竞争全球化的产物，主要是指企业内所有人力资源的取得、运用和维护等一切管理过程和活动。我们将其理论导入图书馆，即可对图书馆人力资源管理作如下阐释：运用现代管理的原理和方法，对图书馆人力进行合理地培训、组织与调配，使人力与物力经常保持最佳比例，同时对人的思想、心理和行为进行恰当的诱导、控制和协调，充分发挥人的主观能动性，使人尽其才、事得其人，进而实现图书馆目标。

图书馆的人力资源是指所有从事图书馆工作的在职人员的总和，或者说是指为图书馆创造物质财富和精神财富，具有从事智力劳动和体力劳动能力的工作人员的总和。它是图书馆组织中最重要的资源之一，在图书馆工作中发挥着主导作用。

图书馆人力资源管理是指为了顺利实现既定目标而对图书馆人力资源的获取、开发、保持、利用进行的系统化管理的活动过程。

美国著名图书馆管理学家罗伯特·斯图亚特和约翰·泰勒·伊斯特利克在《图书馆管理学》中说："所有的图书馆都包括三个组成部分：（1）物资设备与供图书馆活动用的成套设备；（2）资源收藏；（3）收集和组织资源及检索用户需要的情报的工作人员。在这三个组成部分之中，只有最后一个——工作人员——才能给图书馆带来生命，使图书馆有原动力，成为社会服务的重要力量。"

由此可见，人力资源是图书馆生存和发展的基本要素与动力，对图书馆事业的发展有着决定性的作用。

在传统的图书馆管理中，虽然也很强调人才的引进和培养，但是缺乏人力资本的概念，只是单纯从图书馆的业务技术管理和发展的角度来考虑，没有形成对于人力和智力的投入、产出、创新和发展的思路。由于图书馆是事业单位，长期忽视成本管理，不讲究投入产出，在人事管理上侧重于编制管理，忽视人力资本管理，图书馆工作人员的职级和待遇既有政府公务员管理的色彩，又有科研单位科技人员管理的色彩。馆内各级负责人套用政府公务员序列，如局、处、科级等，其他人员套用科研人员序列，如研究馆员、副研究馆员、馆员等。这样的序列和评聘方法带有浓厚的政府行为和计划经济的影响。不仅不少图书馆的馆长是政府从其他部门派来的，而且每个职级的人员数量也是事先由政府主管部门定下来的，职称论资排辈，不问能力高低，没有形成人才成长的良好氛围。正如有人指出的，在图书馆，理想的岗位往往不是工作人员自己通过努力学习，不断更新知识和提高技术所能得到的，而是早已被某种社会关系决定了，再加上分配、晋级、评职称等方面的原因，挫伤了大多数人的积极性，使他们丧失了主动进取的精神。由此导致骨干队伍特别是青年人才严重流失，人员素质下降，工作效率低下，学术水平整体滑坡，服务对象不满。

（二）图书馆人力资源管理的原则

图书馆人力资源管理是图书馆管理和发展战略中重要的工作内容，需要政府和社会的积极支持以及图书馆各级领导与管理部门的协同努力。它直接关系到图书馆组织生存与发展，也是衡量人力资源管理效果的主要标准。在图书馆人力资源管理活动中应遵循"以人为本"的指导思想，具体体现以下几个基本原则：

1. 以思想和行为为中心

这是图书馆人力资源管理基本思想的具体体现。图书馆工作人员是图书馆的第一资源，他们是图书馆工作的生命与灵魂。由于图书馆工作人员是具有精神和情感的特定群体，因此在图书馆人力资源管理过程中，就应采取柔性管理策略，认真观察图书馆工作人员的思想和行为的变化，注重维护图书馆工作人员的利益，强调对图书馆工作人员的人性化管理，激发他们的工作热情，为图书馆工作人员创造良好的工作环境，使之努力实现图书馆的既定目标。

2. 以需要和能力为标准

这是图书馆人力资源管理指导思想的具体运用。图书馆人力资源管理的主要内容是对各类专业人员的配备和使用。如何构建图书馆组织机构与工作人员之间的互动关系，实现图书馆各种资源与人力资源的最佳结合，是人力资源管理的关键问题。因此，在图书馆人力资源管理活动中应充分注意按照因事择人、因才器用的管理规律，不但要根据工作岗位的实际要求来选拔和使用各类专业人员，同时还应根据人们的能力和素质的差异安排不同的工作。只有这样，才能够最大限度地激发图书馆工作人员的个人潜力和工作热情。所以，以工作需要和工作能力作为图书馆专业人员使用的基本原则，是进行人事制度管理和人员配备的基本要求，也是提高工作效率和避免人力资源浪费的有效措施。

3.以平衡团队为动力

任何事物都是运动并发展的，图书馆人力资源管理也是如此。随着社会的变化和发展，在调整图书馆与社会发展关系、做好图书馆组织机构的重组与变革的同时，还应进行相应的人力资源调整，以保持与社会和图书馆发展的动态平衡，同时也应注意图书馆人力资源的专业结构平衡、年龄结构平衡以及知识结构平衡。要做到这一点，就要不断强化图书馆工作人员的继续教育和业务培训，注重图书馆人力资源的引进与流动。通过对在职人员的继续教育，提高工作人员的工作技能和水平，改善图书馆人力资源结构，并通过对人员的引进改善和调整图书馆工作人员的能力结构，组成科学合理的组织团队，以团队的精神和力量来推动图书馆事业的发展。这是现代社会发展对人力资源的要求，也是图书馆在发展中不断创新的力量源泉。

总之，图书馆人力资源管理应该建立在尊重知识、尊重人才的基础之上，充分发挥图书馆工作人员的聪明才智，调动其积极性。只有"以人为本"，强调人的主观能动性，合理组织图书馆人力资源队伍，才能使图书馆事业兴旺发达。

（三）图书馆人力资源管理的战略目标及内容

1.图书馆人力资源管理的战略目标

图书馆管理的目的是使被管理的图书馆系统的全部活动能最大限度地满足广大社会读者的需求，或满足科学技术、文化教育、工农业生产、各类读者对图书文献信息的需求。

21世纪的图书馆人力资源管理的战略目标，应根据图书馆的管理目的而制定，其根本目标是确保图书馆拥有适当的人力资源去完成图书馆的使命，其具体方法有：采用行政、经济、法律、宣传教育四结合的人员管理方法，在图书馆推行更完善的人员管理制度，取得最大的使用价值，以提高图书馆工作效率，实现图书馆目标；根据图书馆管理目的和任务，改善人员管理关系，培养高素质全面发展的员工队伍。建立"读者第一""以人为本"的文化，树立良好的社会形象；把图书馆办成图书馆员工与读者之家，成为不断进步、优质服务的教育、科学、文化机构，通过开展多样化服务和充分开发文献资源，为本地区经济建设与发展做贡献；让图书馆员工能发展潜能、自我激励，发挥最大的主观能动性，提高其工作满足感，以最佳的表现协助各部门实现图书馆目标。

2.图书馆人力资源管理的内容

图书馆人力资源管理的内容，主要体现在宏观的人力资源管理和微观的人力资源管理。

宏观层面的图书馆人力资源管理，是指决策者与管理者在图书馆管理活动中进行的人力资源战略规划，制定人力资源发展的方针政策，分析与预测图书馆人力资源的存量与需求，控制与评价人力资源利用的管理过程。宏观的图书馆人力资源管理通常是由国家主管部门和机构进行决策与实施，其中，某些图书馆人力资源管理的内容需要融入社会人力资源管理之中，借助社会发展的管理政策，动员社会管理力量进行系统化的管理。

微观层面的图书馆人力资源管理主要是指具体制定图书馆的人事管理制度与相关的方针、政策，确定人员编制，规定人员的业务职称标准和考核标准，明确岗位要求与薪酬制度，配备与培训图书馆工作人员，协调图书馆各部门人力资源关系等图书馆管理活动过程。

如果说宏观的图书馆人力资源管理的重点在于营造图书馆人力资源使用的社会环境的话，那么微观的图书馆人力资源管理则侧重于对图书馆工作人员的录用、选拔、培训、使用、考核与奖惩等具体指标的制定与运用。微观的图书馆人力资源管理通常是由图书馆的人事管理部门来执行与完成。

宏观的人力资源管理与微观的人力资源管理是图书馆人力资源管理不可或缺的重要内容，在很大程度上决定了社会与图书馆、图书馆与部门、部门与个人之间的互动关系，也决定了图书馆事业发展的未来趋势。

二、现代图书馆人力资源开发

（一）图书馆人力资源开发的意义

世界进入信息时代，知识更新和技术进步在不断加快，在这种社会中一个图书馆的生存和发展主要取决于创造与革新，而创造与革新，说到底是取决于图书馆的人力资源的质量。

英明的管理者要善于未雨绸缪，着眼未来。管理者历来采用的一种重要方法是对员工进行开发和培训，使员工能够应付新的需求、新的挑战。事实上，图书馆管理者有责任向其员工提供训练和发展的机会，这样，才能充分发挥员工的潜力。

人力资源开发是人力资源管理的核心内容。人力资源开发的本意是指对人的才能进行开发，在现代管理学中，人力资源开发就是把人的智慧、知识、经验、技能、创造性、积极性当作一种资源加以发掘、培养、发展和利用，以提高人的才能和增强人的活力。图书馆人力资源开发就是通过对图书馆员进行有计划的人力资本投资，采取教育、培训等有效形式，充分挖掘图书馆员的智慧、知识、经验、技能和创造性，积极调动图书馆人力资源的工作积极性和潜在发展能力的全面活动过程，目的在于促进图书馆员的个人发展，提高图书馆员的才能和增强其活力，以保证图书馆各项目标的实现。

管理者要从仅仅把人看作管理对象转变到以人为中心。人力资源是图书馆文献资源之外的又一宝贵战略资源。人力资源状况决定着文献信息资源的保存和开发状况。图书馆要开发文献信息资源服务于社会，靠的是文献信息资源的开发者。如果人的思想得不到激发，人的积极性难以充分调动，人对文献资源的开发能力也就不可能最大限度地释放出来。即使有了最现代化的技术装备，如果人的积极性得不到发挥，设备的维护和运转也会受到负面影响而使效益受损。所以，人力资源是图书馆为社会服务的重要物质基础。不仅如此，图书馆之间的竞争、图书馆与其他文献信息部门之间的竞争，在很大程度上也表现为人力资源的竞争。所谓以人为中心，就是把员工作为图书馆的主体，把人力资源作为图书馆制定发展战略和发展规划的依据，作为实施图书馆战略的支撑点。人员管理的立足点应当是充分调动人的积极性，发挥人的能力，发挥人的创造精神。

（二）合理使用人力资源的原则

用人，即使用人才，是人才开发与利用的关键环节，发现人才、培养人才并合理使用人才是对人力资源的开发与利用；相反，发现了人才、培养了人才而不用，是对人才的浪费、资源的破坏。因此，要开发、利用人才资源并做到最佳化,就必须会使用人才。

1. 敢于用人

世界上没有十全十美的人,人才更不可能一点毛病也没有。实践中,管理者常常因为一些人有这样缺点、毛病而不敢用,结果影响了人才开发,耽误了人才成长。往往才干超高的人,其缺点也越突出。因此,如果求全责备,抓住缺点不放,弃之不用,图书馆事业就会受到损失。因此,大胆使用人才,不求全责备,是人力资源开发使用的前提,只有大胆使用,才能发现人才,用好人才,管好人才。

2. 善于用人

善于用人,应该成为图书馆领导的特长和专业,因为人才是最宝贵的财富也是潜力的资源,而领导者就是这些财富和资源的管理者。好的领导者能使人才变"天才",而差的领导者会使人才变"腐才"。

善于使用人才就是合理使用人才,目标是给每个专业人员安排一个能发挥其专长的工作,给每个岗位安置一个能胜任工作的专业人员。为此,就必须深入全面地了解每个专业人员的情况,包括他们的思想、知识、专业、能力、性格、气质、特长等,这是善用的基础。有了这个基础,才能做到善用,即择其贤而用之。同时,在"用"中还要去"知"。"知"后再去更好地"用"。知人需要慧眼,善用需要公心。在用人问题上切忌主观随意性,切忌印象主义和长官意志。

3. 巧于用人

一个高明的领导者不仅敢于用人、善于用人,还能巧于用人。巧用人才不但是科学也是艺术,它能使人才开发与利用达到一个比较高的境界。巧用人才的原则是:

(1) 用人之长,避人之短

由于人的素质不同,因而各有所长,也各有所短。图书馆管理者只有坚持扬长避短的原则,才能对各种不同的人才使用得当,使他们的聪明才智在不同层次、不同岗位上有效发挥。有的人有见识、有魄力、组织能力强,应放在组织领导岗位上;有的人善于积累知识,情报意识强,应放在参考咨询岗位上;有的人思想活跃、联系群众、铁面无私、循规蹈矩,应放在借阅岗位上;有的人心细稳重,一丝不苟,应放在分编岗位上;有的人埋头苦干,任劳任怨，应放在行政管理岗位上；等等。

（2）合理搭配

合理搭配是指构成图书馆内的各部、室的人员集体应配置一定数量的能力较强的骨干，并注意整体诸因素的合理结构。在图书馆专业人员中，水平有高低之差，能力有强弱之分，劳动态度有好坏之别，成绩有优劣之异，思想有先进落后之分，把不同水平、不同能力、不同学识、不同素质的人组合在一起，其效果更好。这是因为互补作用，其组合可以创造一种超过每个个体能力总和的合力，这就是系统协同效应。一个图书馆骨干分子有限，必须恰当地分而用之。

（3）能位相称

由于图书馆每个工作岗位的职能不同，因而对每个人员的能力要求也不同。要合理地使用人员，必须分析每个岗位的能级要求，同时还要判断不同人的能级差别，以便在每个岗位上安排相应能级的人员，做到人事相适，能位相称。

（4）平等竞争，实行人才合理流动

图书馆的各个工作岗位都是图书馆事业的需要，没有高低贵贱之分，只是分工不同而已。但各岗位之间相对存在作用不等、效益不等、一线和二线之分、简单劳动与复杂劳动之分。因此，有些工作人们抢着干，有些工作谁都不愿意干，这是正常现象。优化人才组合，充分调动每个人的积极性，在平等竞争的基础上，实行人才合理流动是非常必要的。特别是某些关键岗位，当有几个合适的人选都争着干时，应引导他们在平等的条件下积极竞争，优胜劣汰。这样，不仅为人才脱颖而出提供均等的机会，而且会使图书馆保持旺盛的活力，促进工作的顺利开展。一个人的最大长处是什么，到底从事哪项工作适合，也只有通过实践，即岗位变换，才能得以验证。所以，平等竞争，合理流动也是合理使用人才的基本原则之一。

（三）图书馆人力资源开发的重要性

1.图书馆人力资源开发的现状

目前，我国图书馆人力资源开发还没有建立起规范、合理的相关制度，图书馆员的潜能释放受到很多因素的制约和影响。主要表现在：

首先，人本管理思想的缺失制约了图书馆员潜能的开发。

近年来很多图书馆学专家强调"以人为本"的管理方法，但在实践中往往得不到贯彻执行。强调管理监督功能的图书馆管理方法，暗示了对员工的不信任，在某种程度上挫伤了图书馆员的积极性。同时，管理层还认为员工工作的最终目的是经济利益，他们一旦获得学习的机会，更多考虑的是个人目的。从这个角度出发而形成的图书馆文化，显然是不利于员工的个人发展的，其潜能也得不到重视。

其次，传统图书馆管理理念导致图书馆员的潜能低层次释放。

图书馆的传统服务形式是一种消极等待的被动服务，而图书馆员也只是作为文献资料的保管员和传递员来开展工作。在图书馆的管理活动中忽视了图书馆员的个性特长，忽视各人所具有的潜能，把图书馆员的潜能定位在低度释放的范围内，这种低要求、低层次的能量转换，非但不能创造出图书馆服务工作的高绩效，反而制约了馆员正常能力的有效发挥，更谈不上潜能的更大释放。

最后，封闭式的管理机制束缚了馆员的潜能释放。

我国大多数图书馆的现行管理体制，仍是在计划经济条件下产生和发展起来的管理体制，具有强烈的自我封闭性。人们没有从社会与发展的角度去清醒地认识图书馆组织的社会地位和作用，而且在图书馆工作部门的设置上按照线性作业流程和工作环节进行架构，实现部门的管理职能。这种线性发展的组织结构造成了对外与社会需求严重脱节，对内只突出了行政管理上的领导与被领导关系，而没有形成业务上的指导与被指导的关系，局限了图书馆员的个人发展，同时也制约了图书馆的可持续发展。为了改变这种落后的人力资源管理面貌，就需要加大改革力度，开发图书馆人力资源，提高图书馆管理效率，激发图书馆工作人员才能和活力，使之不断焕发出工作激情。

2. 图书馆人力资源开发的重要性

图书馆人力资源开发的重要性有以下几点：

（1）人力资源开发是图书馆适应社会进步和技术发展的重要措施

社会的进步是推动图书馆事业发展的强大动力，而技术的进步又是图书馆为增强生命力和长远发展的重要手段。哈佛大学图书馆的格拉汉指出：技术的推动常常会起一阵学习的浪潮，原有的挑战压力依然存在，而我们手中的工具已经改变，我们必须学会使用它们。因此，对图书馆人力资源的智力开发、职业技术开发、人力资源管理政策的开发以及使用性开发都成为图书馆人力资源管理和开发的主要内容，成为系统化的管理工程。图书馆必须认识到开发现有的人力资源，以提高利用先进技术为主导的服务能力，才是一条现实的发展途径。

（2）人力资源开发可以提高图书馆工作人员的素质，改善图书馆服务的质量和效率，提高图书馆工作的社会效益

图书馆人力资源开发促进了员工能力的提高以及潜能的最大释放，而员工素质的提高又改变了图书馆服务落后的面貌，提高了工作效率。同时图书馆人力资源的开发也极大地提高了图书馆员的工作积极性，使他们把更多的知识和才能投入到工作中去，从而促使图书馆工作向前发展。

（3）人力资源开发是图书馆获得竞争力的关键

目前社会上出现了越来越多的提供与图书馆业务类似的服务机构，同时网络的迅速发展普及，使图书馆不再是人们获得所需信息的唯一途径。要保持并提高自身的地位，图书馆就必须重视培养开发人力资源，使图书馆提供更好更优质的服务，满足读者更多的需求，只有如此才能获得长期发展的竞争力。

（4）人力资源开发还是促进馆员发挥潜能的有效途径

通过培训等有效的继续教育方式使图书馆员的个性和特长得到进一步的发挥，真正落实以人为本的管理思想。馆员的个人发展得到管理层的理解和重视，使他们感受到来自工作中的自我实现成就感，就能够极大地改善图书馆的工作氛围，从而使图书馆和馆员自身实现"双赢"。

（四）图书馆人力资源开发的内容及方式

1. 图书馆人力资源开发的内容

现代社会的发展是复杂多变的，而图书馆要在这样的一种环境下实现对本馆人力资源的充分开发，途径是多种多样的，所须实现的目标可能也是宽泛的。但是，为了应对层出不穷的突发事件，图书馆应有一个约束组织内全体成员行为的价值体系。这个体系是处于图书馆管理制度以外的，由这一体系所体现出来的就是组织文化，它能够使图书馆员在图书馆组织文化的影响下，朝着整体目标自觉地调整和改变其行为。图书馆需要创建符合自身目标价值的组织文化。

由于图书馆组织文化具备导向、凝聚和约束等功能，其主要目的是达到组织的效能，因此，在构建图书馆组织文化时，应该注意弘扬传统图书馆文化中的精髓，例如奉献精神、推崇智慧等，也要切实培育"以人为本"的文化，不仅应对读者发扬人文关怀的精神，对馆员也要关心爱护。同时，值得注意的是，倡导学习精神和创新精神更是在网络环境下图书馆组织文化所最应关注的课题。

随着社会对个人的学习能力提出的要求越来越高，图书馆员所应具备的知识技能和业务技能也应随之提高，这样才不会遭到社会的淘汰。而在这种多变的网络环境下，一个组织若没有足够的应对变化的智慧和能力，没有创新的精神，就是没有生命力的组织。图书馆一直以来就是渴求变化发展的组织，应该在创建组织文化的过程中注意倡导创新精神，对在事业上有所创新的馆员应该及时进行鼓励。

总之，图书馆的组织文化能够促进人力资源的系统开发，能对图书馆员的行为和思想产生规范和协调作用，使图书馆的人力资源得到充分利用，从而提升图书馆组织的社会效益和经济效益。

有学者认为，图书馆人力资源开发的内容应包括能力的开发和精神的开发。能力开发，指体能与智力的开发。精神开发，是指人力资源的政治观念、职业道德、敬业精神、合作意识等属于组织文化内涵方面的开发。具体包括：启发、调动人力资源已有的体能和智能；在原有能力的基础上，进一步培养、训练和提高人力资源的能力，特别是智能；营造图书馆的组织文化，提高图书馆员的思想素质水平，培养图书馆员应有的价值观、敬业精神；采取各种措施充分调动图书馆员的工作积极性、自觉性和创造性，改进工作绩效；合理配置、使用图书馆的人力资源，根据个人的才能特点，将之置于恰当的岗位，做到"人尽其才"。

2.根据人力资源的特点以及现代人力资源开发理论，我们可以把开发活动划分为三个层次。

（1）培养性开发

图书馆人力资源培养性开发主要指以教育培训的方式来进行开发，它包括馆员知识的更新、技能的扩展、素质的提高。

在新的网络环境和社会环境下，图书馆员应成为咨询专家、知识导航员，这是图书馆员专业性的体现。根据这种社会需求，应通过对图书馆员的继续教育与培训提高其工作技能和自身素质。图书馆员不仅要加强图书馆学情报学专业知识的培训，还要重视其他相关知识和技能的学习。一专多能的人才是图书馆持续发展的保证。

（2）使用性开发

实际上，使用性开发是对图书馆员激励的一种手段。其内容主要是量才为用、职务晋升。

图书馆人力资源使用性开发的关键是用人。我们主张在充分考察图书馆员个人的专业、学历、特长、技能、发展方向和个性的基础上，为其提供更具挑战性的工作任务。图书馆员在工作实践过程中，将不断学习新的技能、积累新的经验、获取新的管理方法，这实际上也是对自身能力的一种挖掘与开发。图书馆在做出这样的工作设计时，不仅使本馆的人力资源得到充分利用，同时也使馆员得到了个人的发展。此外，增加员工岗位轮换也不失为一种有效的开发方式。

（3）政策性开发

人力资源政策性开发是指通过制定符合人才成长规律和人力资源管理原理的一系列调整政策，来变革管理体制，充分运用激励机制等手段，促进人才的不断涌现。

目前，我国图书馆人力资源开发与管理的现状不容乐观，很多图书馆都没有形成相关的制度与政策，缺乏对人力资源开发管理的长期规划，对于馆员的开发和聘任等仍主要是遵从上级部门的分配，随意性大，岗位设置与人员结构不合理，造成了一定程度的浪费。对于图书馆人力资源的政策性开发，管理者应制定一套尊重馆员个人发展需要的规章制度、保障馆员的科学培训和合理使用。

国内一些具备领先意识的图书馆就制定了这方面的规章制度。例如深圳图书馆于20世纪末颁布了关于馆员继续教育的政策，它们从政策的层面保证了该馆人力资源开发的连续性和制度性，使该馆馆员能够在这一系列的政策中感受到来自工作的压力以及该馆对员工个人发展的重视。

(五)图书馆人力资源管理创新

1. 知识经济时代图书馆的地位

知识经济时代图书馆的地位更加重要,对图书馆员也提出了新的要求,搞好图书馆人力资源管理势在必行。

图书馆员的服务已经不仅仅是简单的借借还还,服务工作已由单一被动,转向了开放、多方位和主动。他们既是图书馆员,又是知识经济的参与者,这就需要图书馆员必须具有较强的现代信息意识、广博的专业知识,有极强的洞察力、创造力、敏捷的思维和强烈的事业投入精神。只有这样,才能灵活地利用资源替读者做出决策,充分发挥本职业的巨大潜能,成为图书馆兼知识经济的主要参与者。总之,知识经济时代的图书馆员应当转变角色,使自己从"图书保管员"成为信息领航员和"信息工程师"。

图书馆肩负着传播科学文化知识,进行社会教育的职能。进入知识经济时代,知识更新越来越快,终身教育成为世界大趋势。图书馆公益性、公共性和开放性的特点,能贴近群众、服务社会,社会上每一位公民都可以在这里根据自己的需要进行终身学习。图书馆员通过自己的工作,给群众提供帮助,为失业者做就业前的指导,为失学者提供自学辅导,为受损害者提供法律帮助,为病者提供医疗咨询,为有志创业者提供宝贵致富信息,为涉世不深的青年提供必需的人生知识。

2. HRM 理念:人本管理

随着管理理论由"经济人"到"社会人""决策人""复杂人"进程的发展,企业管理理念也从"以物为本"到"以市场为本"再到"以人为本"。人本管理思想是以人为中心的人力资源管理思想,它把人作为企业最重要的资源,以人的能力、特长、兴趣、心理状况等综合情况来科学地安排最合适的工作,并且在工作中充分地考虑到员工的成长和价值,使用科学的管理方法,通过全面的人力资源开发计划和企业文化建设,使员工能够在工作中充分地调动和发挥人的积极性、主动性和创造性,从而提高工作效率、增加工作业绩,为企业发展做出最大的贡献。

人力资源作为图书馆文献资源之外的另一宝贵资源,其状况决定着文献信息资源的保存和开发状况。图书馆要开发文献信息资源服务于社会,靠的是文献信息资源的开发者。如果人的活力得不到激发,人的积极性难以充分调动，人对文献资源的开发能力也就不可能最大限度地释放出来。即使有了现代化的技术设备，如果人的积极性得不到发挥，设备的维护和运转也会受到负面影响而使效益受损。不仅如此，图书馆之间的竞争、图书馆与其他文献信息部门之间的竞争，在很大程度上也表现为人力资源的竞争。所谓以人为重心，就是把馆员作为图书馆的主体，把人力资源作为图书馆制定发展战略和发展规划的依据，作为实施图书馆战略的支撑点。人事管理的立足点应当是充分调动人的积极性，开发人的潜能，发挥人的创造精神，尽量做到人尽其才，才尽其用，用其所长，避其所短。

3. 引入竞争机制，实行聘用制

图书馆要想充分发挥其社会功能和作用，提高其社会服务的有效性，就必须实行全员聘用制，对现有人员实行公平竞争，择优上岗，让所有员工能进能出，职务能上能下，待遇能升能降，只有这样，优秀人才才能脱颖而出，才能形成充满生机与活力的用人机制。

综上所述，知识经济时代的图书馆面临着前所未有的挑战，人力资源管理对一个图书馆来说具有极其重要的战略意义，只有用"以人为本"的理念创新图书馆的服务与管理，才能促使图书馆事业得到快速、持久的发展。

三、图书馆财务管理环境分析

财务管理环境是图书馆财力资源管理（亦称图书馆财务管理）赖以生存的土壤，是图书馆开展财务管理的舞台。图书馆进行财务决策、制定财务策略都离不开对财务管理环境的研究。

（一）图书馆财务管理环境的概念与分类

1. 图书馆财务管理环境的概念

从系统论的观点来看，所谓环境就是存在于研究系统之外的，对研究系统有影响的总和。如果把图书馆财务管理作为一个系统，那么，图书馆财务管理以外的，对图书馆财务管理系统有影响作用的总和便构成图书馆财务管理的环境。财务管理环境，是指对图书馆财务活动和财务管理产生影响作用的图书馆内外的各种条件。

图书馆的财务活动是受财务管理环境制约的。图书馆内外的各种因素对图书馆财务活动都有重要影响。也就是说，图书馆只有在财务管理环境的各种因素作用下实现财务活动的协调平衡，才能生存和发展。

2.图书馆财务管理环境的分类

按照不同的标准可以对图书馆的财务管理环境进行不同的分类。

按照图书馆财务管理环境的范围,可将其分为宏观财务管理环境和微观财务管理环境。宏观财务管理环境是指在宏观范围内普遍作用于各个部门、地区的各类图书馆的财务管理的各种条件,通常存在于图书馆的外部。图书馆是整个社会经济体系的一个细胞,整个社会是图书馆赖以生存的土壤,无论社会经济状况的变化、市场的变动,还是政策法律的调整、国际经济形势的变化等,都会对图书馆财务活动产生直接或间接的作用。

微观财务管理环境是指在某种特定范围内对图书馆财务活动产生重要影响的各种条件。这种微观环境通常与某些图书馆的内部条件直接或间接有关,从而决定着某种或某类图书馆所面临的特殊问题。图书馆的财务活动状况和成果同图书馆的组织结构、经营活动和管理工作有着联系,离开这些内部条件的制约,要搞好图书馆财务工作是不可能的。

按照图书馆财务管理环境的稳定性,可将其分为相对稳定的财务管理环境和显著变动的财务管理环境。图书馆的财务管理环境总的来说不是一成不变的,但有些财务管理环境一般变化不大,如图书馆的地理环境、根本宗旨、国家产业政策等。对这些条件一旦认清以后,如无特殊情况,在进行财务管理活动时,可作为已知条件或不变动因素来对待。

然而,有些财务管理环境往往处于显著变动状态,对图书馆的财务状况有重要的影响,如文献价格、资金供求状况、国家的调资政策等。在进行财务活动时,一定要及时观察和发现其变动的苗头,分析其变动的趋向和影响,做出准确的预测和决策。

(二)图书馆财务管理环境

1.图书馆财务管理的经济环境

图书馆财务管理的经济环境是指影响图书馆财务管理的各种经济因素,主要包括经济周期和经济发展水平。

市场经济条件下,经济发展与运行带有一定的波动性。这种波动大体上经历复苏、繁荣、衰退和萧条几个阶段的循环,这种循环叫作经济周期。图书馆的筹资、投资和资产运营等理财活动都要受这种经济波动的影响。

自改革开放以来,我国的国民生产总值增长较快,各项建设方兴未艾。

国家制定了产业政策并调整了地区经济发展布局，确定了国民经济各部门的发展任务，确立了沿海、内陆、以及少数民族地区的发展规划。然而，由于各种因素的制约，不同地区的经济发展水平差距很大，栖身于不同地区的图书馆必定会受本地经济发展水平的影响，这种影响往往最突出地体现在图书馆的筹资等理财活动方面。

2. 图书馆财务管理的政法环境

图书馆财务管理的政法环境是指图书馆与其内外相关主体发生经济关系时所应遵守的各种政策、法律、法规和规章。图书馆在其运作过程中，往往要和国家、出版社、书店、企业、社会组织、图书馆职工和读者，以及国外的组织或个人发生经济关系。图书馆的理财活动，无论是筹资、投资，还是利益分配，都有可能和上述主体发生经济关系。

政策和法律为图书馆理财活动规定了活动空间，也为图书馆在相应空间内自由运作提供了强有力的保护。譬如，《文化事业单位财务制度》《行政事业单位会计决算报告制度》《行政事业单位国有资产管理办法》《财政部关于事业单位预算编报和核批有关问题的通知》《行政事业单位预算外资金银行账户管理的规定》《事业单位会计准则》《事业单位会计制度》《国务院关于支持文化事业发展若干经济政策的通知》《全国文化设施维修专项补助经费和全国万里边疆文化长廊专项补助经费管理办法》《关于宣传文化单位所得税政策的通知》《国务院关于对宣传文化单位实行财税优惠政策有关问题的批复》《国务院关于进一步完善文化经济政策的若干规定》等政策或法律就是图书馆理财活动的准绳和尺度。

四、图书馆财力资源管理的基本内容

图书馆财力资源管理所研究的是资金的分配筹集，使用及经费支出是否符合预算，是否有利于促进图书馆事业发展的问题。一般来说，图书馆财力资源管理包括下列内容。

（一）图书馆预算管理

图书馆预算是图书馆根据事业发展计划和任务编制年度财务收支计划。

图书馆预算由收入预算和支出预算组成。图书馆的收入预算分为财政补助收入和非财政补助收入两个部分。内容包括财政补助收入、上级补助收入、事业收入、经营收入、附属单位上缴收入、其他收入和拨入专款等项内容。

图书馆的支出预算包括事业支出、经营支出、基本建设支出、对附属单位补助支出和上缴上级支出等项内容。

目前，国家对文化事业单位实行核定收支、定额或者定项补助、超支不补、结余留用的预算管理办法。图书馆也不例外。

图书馆预算的编制应遵循下列原则：根据国家有关方针政策、法规制度和文化事业计划编制单位预算。坚持实事求是的原则，既要考虑单位的需要，又要考虑国家的财政能力，保证重点，兼顾一般。坚持以收定支、收支平衡的原则，图书馆预算应自求平衡，不得编制赤字预算。坚持艰苦奋斗、勤俭节约的原则，挖掘内部潜力，努力增收节支，提高资金使用效益。坚持严格划清经费渠道的原则，事业经费与基本建设投资不得相互挤占和挪用，并根据有关规定分别编制预算。坚持完整性和统一性原则，图书馆必须将全部财务收支项目在预算中予以反映，并按照国家预算表格和统一的口径、程序及计算依据编制单位预算。

图书馆编制预算的方法主要有两种类型：变量预算法和零基预算法。变量预算法是图书馆编制预算最普遍的方法，是以当年预算的具体数字为基础，根据实际执行情况和计划期各项业务的可能增减变动情况来确定下一年度预算比上年预算的增减变动额。

因为这种预算方法是以现行预算为基础并预测变动量来编制的，所以也称为"增量预算法"或"减量预算法"。与变量预算法截然不同，零基预算法对于图书馆任何一个预算期、任何一种费用项目的开支数，不是从现有的基础出发，也不考虑目前的费用开支水平。而是一切从零出发，以零为起点，即以无费用、无服务、无成本、无收益作为预算的起点，从根本上考虑各项目所需费用的必要性与规模。

（二）图书馆收入管理

图书馆收入是指图书馆为开展业务及其他活动依法取得非偿还性资金。

（1）财政补助收入。即图书馆通过主管部门、上级单位或直接从财政部门取得的文化事业费，含经常性经费和专项资金。

（2）上级补助收入。即图书馆从主管部门或上级单位取得的各种非财政补助收入。

（3）事业收入。即图书馆开展专业业务活动及其辅助活动取得的收入，其中：按照国家有关规定应当上缴财政纳入预算的资金和应当缴入财政专户的预算外资金，不计入事业收入；从财政专户核拨的预算外资金和部分经核准不上缴财政专户管理的预算外资金，计入事业收入。

（4）经营收入。即图书馆在专业业务活动及其辅助活动之外开展非独立核算经营活动取得的收入。

（5）附属单位的上缴收入。即图书馆的附属独立核算单位按照有关规定上缴的收入。

（6）其他收入。即上述规定范围以外的各项收入，包括投资收入、利息收入、捐赠收入等。

图书馆收入管理应符合以下要求。

（1）图书馆应当在国家政策允许的范围内合法组织收入。

（2）坚持把社会效益放在首位，同时注重经济效益。

（3）必须使用财税部门统一印制的票据，并建立健全各种专用收款收据、销售发票、门票等票据的管理制度。

（4）必须严格执行国家批准的收费项目和收费标准，不得擅自设立收费项目，自定收费标准。

（5）应按规定加强账户的统一管理，收入要及时入账，防止流失。

（6）图书馆的各项收入必须纳入单位预算，统一核算，统一管理。

（三）图书馆支出管理

图书馆支出是图书馆开展业务及其他活动发生的资金耗费和损失。

（1）事业支出。即图书馆开展专业业务活动及其辅助活动发生的支出，包括基本工资、其他工资、补助工资、职工福利费、社会保障费、公务费、业务费、设备购置费、修缮费和其他费用。

（2）经营支出。即图书馆在专业业务活动及其辅助活动之外开展非独立核算经营活动发生的支出。

（3）自筹基本建设支出。即图书馆利用财政补助收入以外的资金安排自筹基本建设发生的支出。

（4）对附属单位补助支出。即图书馆用财政补助收入之外的收入对附属单位补助发生的支出。

（5）上缴上级支出。即实行收入上缴办法的图书馆按照规定的定额或者比例上缴上级单位的支出。

图书馆支出管理的要求如下。

（1）图书馆在开展非独立核算经营活动中，应当正确归集实际发生的各项费用数，不能归集的，应当按照规定的比例合理分摊。经营支出应与经营收入配比。

（2）图书馆应当建立健全支出管理制度。各项支出在单位负责人的领导下，由单位财务部门在财政部门和主管部门核定的预算指标之内统一掌握使用。各业务部门的开支，应事先提出使用计划交财务部门审核后执行。

（3）图书馆应严格执行国家规定的开支范围及开支标准，没有统一规定的，由图书馆做出规定，报主管部门和财政部门备案。图书馆的规定违反国家法律、法规和政策的，主管部门和财政部门应当责令其改正。

（4）图书馆从财政部门和主管部门取得的有指定项目和用途并且要求独立核算的专项资金，应当按照要求定期向财政部门和主管部门报告专项资金使用情况。项目完成后，应当报送专项资金支出决算和使用效果的书面报告，接受财政部门和主管部门的检查和验收。

（5）为了加强支出管理，提高经济核算水平，有条件的图书馆应当根据开展业务及其他活动的实际需要，实行内部成本核算办法。

（四）图书馆资产管理

图书馆资产是指图书馆占有或者使用的能以货币计量的经济资源，包括各种财产、债权和其他权利，具体指：一是流动资产，可以在一年内变现或者耗用的资产，包括现金、各种存款、应收款项、预付款项和存货等。二是固定资产，一般设备单位价值在500元以上，专用设备单位价值在800元以上，使用期限在一年以上，并且在使用过程中基本保持原有实物形态的资产。单位价值虽未达到规定标准，但耐用时间在一年以上的大批同类物资，也作为固定资产管理。图书馆固定资产一般分为六类：房屋、建筑物；专用设备、一般设备；文物、陈列品；图书、其他固定资产。三是无形资产。是指，不具有实物形态而能为使用者提供某种权利的资产，如专利权、商标权、著作权、土地使用权、非专利技术、商誉以及其他财产权利等。

对于不同类型的图书馆资产，应分别采取不同的管理办法。

以图书馆固定资产为例，应遵循如下管理规定。

（1）建立健全固定资产管理制度。加强固定资产维护和保养，制定操作规程，建立技术档案和使用情况报告制度。

（2）购建和调入的固定资产。由图书馆财产物资管理部门负责验收，图书馆财务部门参与验收。购进贵重仪器等专业设备和新建的房屋及建筑物竣工时，应有专业技术人员参加验收。经验收后的固定资产要及时入账并交付使用。

（3）接受捐赠的固定资产。应按市场价格和新旧程度估价入账，或根据捐赠时提供的有关凭据确定固定资产的价值。接受捐赠固定资产时发生的各项费用，计入固定资产原值。

（4）图书馆固定资产报废和转让。一般经本单位行政领导批准后核销。大型、精密贵重设备、仪器报废和转让，应当经过有关部门鉴定，报主管部门或财政部门、国有资产管理机构批准。具体审批权由同级财政部门会同国有资产管理机构规定。

（5）固定资产的变价收入。除国家另有规定者外转入修购基金。

（6）图书馆应当定期或者不定期对固定资产清查盘点。年终前必须进行一次全面的清查盘点，做到账、卡、物相符。对于盘盈、盘亏的固定资产应及时按规定处理。

五、图书馆财力资源管理的方法

图书馆财力资源管理的技术方法是图书馆达到财务管理目标，完成财务管理任务的重要手段，也是图书馆财务人员从事财务工作的基本技能。图书馆理财活动中，运用着一系列的技术方法，它们共同形成了一整套科学、完善的财务管理方法体系。

根据我国传统的财务管理理论，财务管理包括财务预测、财务决策、财务计划、财务控制及财务分析五个环节。与此相应，图书馆财务管理方法体系也主要由相互联系的财务预测方法、财务决策方法、财务计划方法、财务控制方法及财务分析方法组成。

（一）图书馆财务预测方法

财务预测是图书馆财务人员根据历史资料，依据现实条件，运用特定方法，对图书馆未来的财务活动和财务成果所做出的科学预计和测算。财务预测是财务决策的基础，是图书馆编制财务计划的前提，是图书馆日常财务活动的必要条件。

图书馆财务预测工作一般包括如下几个步骤：确定预测对象和目标，制订预测计划；收集、整理相关的信息资料；选择特定的预测方法进行实际预测；对初步的预测结论进行分析评价及修正，得出最终预测结果。

图书馆财务管理中常用的预测方法可分为定性预测法和定量预测法两种类型。定性预测法亦称非数量预测法，一般是在缺乏完备、准确的历史资料的情况下，由图书馆领导、财务主管及其他有关专家根据过去积累的经验，利用直观资料，依据个人的主观判断能力及综合分析能力，对图书馆财务的未来状况和趋势做出预测的一种方法。定性预测法又可分为意见交换法、类推预测法、理论推定法、专家调查法和德尔菲法等。

定量预测法亦称数量预测法，是运用现代数学方法对历史数据进行科学的加工处理，充分揭示各有关变量之间的规律性联系，建立经济数学模型来进行预测的方法。定量预测法可分为因果预测法和趋势预测法两种类型。

（二）图书馆财务决策方法

财务决策是指财务人员在财务目标的总体要求下，从若干个可供选择的财务活动方案中选择最优方案的过程。当然，在可供选择的财务活动方案只有一个时，决定是否采纳这个方案也属于财务决策。财务决策是财务管理的核心，直接关系到图书馆财务管理的质量。

图书馆财务决策一般包括以下几个步骤：一是根据财务预测的信息提出问题。二是根据有关信息制订解决问题的若干备选方案。三是分析、评价、对比各种方案。四是拟订择优标准，选择最优方案。

图书馆财务决策常用的方法有优选对比法、数学微分法、线性规划法、概率决策法、损益决策法等。

（三）图书馆财务计划方法

财务计划是在一定的时期内以货币形式反映图书馆业务及经营活动所需的资金来源、财务收入和支出、结余及其分配的计划。财务计划是图书馆根据本单位的业务工作安排及定额定员等标准，以财务预测提供的信息和财务决策确立的方案为基础来编制的，是财务预测和财务决策的具体化，也是控制图书馆财务活动的基本依据。图书馆预算、预算外资金收支计划、经营收支计划等都是图书馆的财务计划。

图书馆财务计划的编制过程一般包括如下几个环节：首先，根据财务决策的要求，分析主客观条件，全面安排计划指标。其次，对需要与可能进行协调，实现综合平衡。最后，调整各种指标，编制出计划表格。图书馆财务计划的编制过程，实际上就是确定计划指标并对其进行综合平衡的过程。编制图书馆财务计划的方法主要有平衡法、因素法、比例法、定额法等。

（四）图书馆财务控制方法

财务控制是指在财务管理过程中，利用有关信息和特定手段，对图书馆的财务活动施加影响或调节，以便实现计划所规定的财务目标。

财务目标是图书馆财务活动的出发点和归宿，是财务管理的行为导向，对图书馆财务活动进行管理和控制正是为了实现一定的目标。财务控制作为一种经济调控行为，其调节过程一般包括制定目标、分解目标、实施调控、衡量效果、纠正偏差几个步骤。

常见的图书馆财务控制方法如下。

（1）防护性控制。又称排除干扰控制，是指在图书馆财务活动发生前就制定一系列制度和规定，把可能产生的差异予以排除的一种控制方法。例如，为了合理使用资金，节约各种费用开支，可事先规定各项开支的范围和标准；为了防止图书馆滥用职权，杜绝乱收费现象，可事先对其收费的项目、范围和标准做出规定。

在图书馆财务管理中，各项事先制定的标准、制度、规定都可以看作是排除干扰的方法，这是最彻底的控制方法，也是图书馆财务管理中最常用、最重要的控制方法。

（2）前馈性控制。又称补偿干扰控制，是指通过对图书馆财务系统实际运行的监视，运用科学方法预测可能出现的偏差，采取一定措施，使差异得以消除的一种控制方法。例如，为了控制图书馆支付能力，保证图书馆各项业务的顺利开展，要密切注意图书馆流动资金（周转金）的数量，当预测到流动资金数量不足，可能影响以后各项业务活动的顺利进行时，就应采取措施，严格控制并合理安排资金支出，以保证图书馆有足够的支付能力。

在图书馆财务管理过程中，前馈性控制是一种比较好的控制方法。它便于各图书馆及时发现问题，并及时采取措施解决问题，尽量避免出现大的失误。但是，采用这种方法要求掌握大量信息，并要进行准确的预测，只有这样，才能达到控制目的。

（3）反馈性控制。又称平衡偏差控制，是在认真分析的基础上，发现实际与计划之间的差异，分析差异产生的原因，采取切实有效的措施，调整实际财务活动或调整财务计划，使差异得以消除或避免今后出现类似差异的一种控制方法。

反馈性控制是根据实际偏差来进行调节的，属于事后控制，在平衡与调节的过程中，由于时滞的存在，又可能导致新的偏差。但这种控制方法运用起来比较方便，一般不需要太多的信息。因此，这种方法在图书馆财务管理中得到广泛的运用，特别是当干扰不能预计或发生很频繁时，它是一种典型的财务控制方法。

（五）图书馆财务分析方法

财务分析是根据有关信息资料，运用特定方法，对图书馆财务活动过程及其结果进行总结和评价的一项工作。通过财务分析，可以掌握图书馆各项财务计划指标的完成情况，评价图书馆财务状况，衡量图书馆工作绩效，研究和掌握图书馆财务活动的规律性，改善图书馆财务预测、决策、计划和控制，提高图书馆财务管理水平，促进图书馆财务管理目标的实现。

图书馆财务分析过程一般包括如下几个阶段：确定题目，明确目标。收集资料，掌握情况。运用方法，揭示问题。提出措施，改进工作。图书馆财务分析方法主要有两种。

1. 比较分析法

即比较两个相关的财务数据，来揭示财务数据之间的相互关系，分析图书馆财务活动的一种方法。它通常采用三种方式来进行比较：一是将分析期的实际数据与同期计划数进行对比，确定实际与计划之间的差异，据此考核财务指标计划完成情况。二是将分析期的实际数据与前期数据进行比较，确定本期与前期之间的差异，据此考核图书馆的发展情况，预测图书馆财务活动的未来发展趋势。三是将分析期的实际数据与同行业平均指标或先进图书馆指标进行对比，确定本单位与同行业平均水平或先进水平之间的差异，据此找出原因，改进工作。

2. 比率分析法

即把某些彼此相关联的指标以比率的形式加以对比，据以确定图书馆经济活动变动程度，揭示图书馆财务状况的一种分析方法。在图书馆财务分析中，常用的比率有以下两类。

（1）构成比率。又称结构比率，它是某项经济指标的各个组成部分与总体的比例。通过构成比率，可分析指标构成内容的变化，从而掌握该项财务活动的特点与变化趋势，考察图书馆经济活动的结构是否合理。例如，通过计算图书馆各项支出在支出总额中所占的比重，可分析图书馆行政性支出与业务性支出之间、维持性支出与发展性支出之间、重点性支出与一般性支出之间的比例是否恰当，支出结构是否合理。

（2）动态比率。即将某项指标的不同时期的数值相比而求出的比率。它反映的是同一财务指标在不同时期状态下的对比关系，说明的是图书馆财务活动在时间上的发展和变化程度。通过动态比率，可分析图书馆财务活动及相关指标的发展方向及增减速度。

第四章 图书馆服务管理

第一节 图书馆服务的特征

一、现代图书馆服务理念

（一）图书馆服务理念的内涵和特征

1. 图书馆服务理念的内涵

图书馆服务理念是图书馆主体在图书情报工作实践中，从图书馆产出的服务性出发，对一系列图书馆问题所形成的总体看法。其主要的观点有：文献信息服务是图书馆的基本产出，读者和用户是图书馆的直接顾客，不断满足读者和用户明确的或潜在的知识信息需求是图书馆改革和发展的出发点和归宿。

2. 图书馆服务理念的特征

（1）选择性

图书馆服务理念的第一个特征是具有鲜明的选择性。在现实条件下，图书馆成了图书馆服务产品的提供者，广大读者和用户成为图书馆服务产品的利用者和消费者，他们有权选择图书馆服务。图书馆服务的选择性蕴含着图书馆供方的竞争。因此，作为文献信息服务提供者的图书馆，在读者和用户自由选择利用图书馆的竞争机制下，必须努力提高服务质量和品位，为社会提供优质的服务以满足读者的需要，否则将会被时代所淘汰。

（2）层次性

图书馆另一个鲜明的特征是层次性。读者和用户有不同层次之分的"消费需求"，图书馆必须区别对待，分层服务。

（二）传统的图书馆服务理念

我国传统图书馆的服务理念可以简要地概括为"藏、封、守、旧"，这是在一定发展阶段，科技水平、社会意识和传统习惯等多种因素共同作用的结果。简单来说，就是以藏书信息为图书馆的主体，作为为读者服务的唯一物质基础；只面向本单位的读者和用户，封闭的服务理念削弱了图书馆的交流功能和社会功能，阻碍了图书馆服务宗旨的全面实现；图书馆为读者提供的是"客户上门"的服务，实质是被动的服务。多数图书馆依旧作为借书和藏书的场所，忽视图书馆是学习场所的功能建设，在提高服务质量的同时，忽视对读者的尊重，忘却了为读者提供人性化的服务。

（三）现代图书馆服务理念的基本内容

图书馆服务理念的具体内容可概括为图书馆服务产出观、图书馆服务市场观、图书馆服务质量观、读者和用户权益观、学术性的服务观等。

1. 图书馆产出服务观

对于图书馆，其向读者和用户提供的是一种旨在改善人力资本价值的文献、信息、知识等有形或无形的产品，图书馆的产出就是提供文献信息资源的图书馆服务；而对于读者和用户而言，虽然图书馆服务是免费的，但图书馆各种资源包括人力资源都是国家或集体投资的，这里面包含着每一个公民的纳税。因此，读者利用图书馆资源就是消费图书馆的服务产品。

2. 图书馆服务市场观

图书馆服务市场是指图书馆机构、情报和信息服务机构因提供文献、情报、信息服务，而在图书馆服务供求主体之间形成的图书馆供给、需求及其相互关系的总和。

图书馆服务市场的本质是指图书馆服务的供求关系。图书馆作为一种信息、知识性服务的公益性机构，其实质是一种文献信息的社会化集藏、开发、利用，这种社会化的文献信息的集藏、开发和利用贯穿于图书馆服务的全过程。

3. 图书馆服务质量观

图书馆服务质量是指图书馆需求主体对图书馆服务的预期同其所感知的图书馆服务水平的对比，读者的满意度是图书馆服务质量的主要指标。图书馆服务质量同其他物质产品质量在核心质量产生的时机、质量要素、评价主体等方面具有显著的不同,图书馆服务质量管理的过程应以满足读者和用户明确或潜在的文献信息需求为出发点和归宿。

4.读者和用户权益观

建立图书馆服务体系,必须尊重图书馆读者和用户的主体地位。国家要通过图书馆立法来保障国民平等、自由地利用图书馆资源的权益。从保护图书馆服务读者和用户的基本权益出发,图书馆读者和用户应享有以下四种权利:

(1)知悉权

图书馆读者和用户有知悉图书馆服务真实情况的权利。读者和用户有权根据情况判断,做出切合自己的选择。图书馆有义务在服务过程中经常提供图书馆运行情况和管理状况等。

(2)自主选择权

图书馆读者和用户可以自由地选择利用图书馆资源自主决定采用何种方式获取文献信息。市场供给主体不能用任何理由设置障碍或横加干预。

(3)平等利用权

在图书馆服务面前人人平等,市场供给主体不能搞信息歧视。

(4)监督权

图书馆读者和用户享有对图书馆服务工作监督的权利,他们有权利就保护读者和用户权益工作提出批评、建议,图书馆应当认真听取读者和用户对图书馆服务的意见,接受其监督。

5.学术性的服务观

图书馆是一个文化教育服务机构,其本质属性不仅仅是"服务"二字。虽然文化教育职能是通过其服务来体现的,"服务"是其本质属性之一,但是图书馆服务是建立在一定学术性基础上的服务。图书馆工作不是单纯的、一般的事务性工作,许多服务工作(如:文献研究、信息检索等)都是学术性很强的工作,并且往往是其他学术研究的基础。

总之,图书馆是一个学习化组织和学术探讨、学术研究、学术交流的场所,图书馆的服务性与学术性相辅相成,服务性是图书馆各项工作的核心,学术性是图书馆开展各项工作不可或缺的支撑和保障,没有图书馆的科学研究,服务工作不但搞不好,而且还会使图书馆事业停滞不前。

二、现代图书馆服务理念的转变

近现代意义上的图书馆从19世纪50年代发端,在160多年的发展历程中,图书馆服务理念随着时代和社会的需要不断更新发展。图书馆学界已经达成"服务是图书馆的宗旨"的共识,明确了图书馆在本质上就是一个服务机构,承认和坚持这一点有助于图书馆的正确定位,并且可以通过优质服务获得更高的社会地位。

(一)美国图书馆的发展与"三适当"准则

18世纪开始,美国便逐渐出现了为大众服务的图书馆。这些图书馆大致可以分为两类:一类是联谊性图书馆,另一类则是流通性图书馆。前者是靠大家集资,并对会员开放,每个集资人都相当于图书馆的"股东",一般来说,都是兴趣相同的人来开办这类图书馆;后者主要靠出租图书来维持经营,主要收藏的都是大众喜爱的读物,比如通俗小说、杂志等。这两类图书馆可以说是美国公共图书馆的雏形。

19世纪下半叶,图书馆学在美国得到巨大发展,涌现出一批卓越的图书馆学家,卡特和杜威就是其中的代表人物。杜威是图书馆事业的组织者、图书馆学教育家和理论家,热心倡导图书馆用品设备标准化、在版编目、流动书车以及储存图书馆等,对图书馆事业的发展做出了卓越的贡献。

1876年,杜威提出了图书馆读者服务的"三适当"准则,即"在适当的时间,给适当的读者,提供适当的服务"。"三适当"准则将图书馆资源的选择、提供与图书馆服务合理有效地结合起来,对确立图书馆的服务理念具有开拓意义,明确提出了图书馆办馆宗旨:"以最好的图书,花最少的代价,提供给尽可能多的读者使用。"

19世纪是近现代图书馆学的奠基时代,也是图书馆学家巨星辈出的世纪。经过图书馆学家们的努力,以对社会开放为主要精神特征的近现代图书馆事业深入人心,包括文献分类编目处理和开架借阅在内的近现代图书馆工作方法体系初步形成。经验图书馆学确立了以实用性与效益性相结合为特征的理论价值体系,而理论图书馆学也在探讨图书馆学的定义、体系等方面进行了颇为轰动的尝试。

(二)20世纪图书馆事业的发展及"五原则"的提出

20世纪图书馆学家确立了科学而又理性的图书馆学理论精神。在图书馆学的基础理论家看来,以美国芝加哥学派为代表的科学、理性的理论精神无疑是 20 世纪最值得称道的图书馆学理论精神。芝加哥大学图书馆学院的教师和学生们在图书馆学研究方面建树独到,他们从 20 世纪 20 年代后期开始,便探索图书馆学理论的体系化,培养博士层面的高层次人才,促使图书馆学从一门"职业"变成了一门"专业"。在理论精神方面,华普斯、巴特勒等教授能够顶住来自美国图书馆协会的巨大压力,坚定地在学术立场上反叛"杜威的传统",以一种社会科学中通行的"科学的方法"来研究图书馆学。芝加哥大学图书馆学院的早期学术探索,是图书馆学从人文科学转变为社会科学的里程碑。

印度著名图书馆学家阮冈纳赞在 1931 年出版了《图书馆五原则》,该书在国际图书馆学界产生了巨大的影响。与芝加哥学派的华普斯、巴特勒尝试的以社会科学的方法研究图书馆学不同,数学家出身的阮冈纳赞尝试以数理科学的方法研究图书馆学。阮冈纳赞讲解"五原则"时宣称这是一套最基本的、可以演绎出其他图书馆学理论的定律,就像物理学中牛顿三大定律可以演绎出其他物理学定律一样。阮冈纳赞称其发明的冒号分类法也是该原则指导下的产物。

阮冈纳赞的"图书馆五原则":第一原则,"书是为了用的";第二原则,"每个读者有其书";第三原则,"每本书有其读者";第四原则,"节约读者的时间";第五原则,"图书馆是一个生长着的有机体"。这五个原则是对杜威图书馆服务"三适当"准则的继承和发展,被誉为"我们职业的最简明的表述",为确立现代图书馆服务理念奠定了思想基础,被公认为不可逾越的金科玉律。直到第二次世界大战后,图书馆界提出了"服务至上、读者第一"的服务理念。

(三)"新图书馆五原则"与和谐意义

随着时代的发展,图书馆界一致认识到"服务是图书馆的基本宗旨,是贯穿图书馆发展的主线,是图书馆的核心价值观",并提出了新的图书馆服务五原则:开放原则、方便原则、平等原则、创新原则和满意原则。

图书馆自诞生之日起,从封闭到局部开放再到全面开放,经历了漫长的渐变过程。开放服务如今已经成为现代图书馆的重要特征。开放原则是图书馆服务的首要原则,开放是服务的前提,没有开放便没有服务可言。现代意义上的图书馆开放是一种全面开放，包括资源开放、时间开放、人员开放和馆务公开。

图书馆服务中的方便原则亦可称作简便原则、便利原则或省力原则。为服务对象提供方便，是任何一种服务共同追求的目标。不能提供方便的服务注定不会受人们欢迎，甚至会被抛弃。方便是服务的本质，方便是服务的核心。图书馆服务中的方便原则主要体现在：馆舍位置要方便读者，资源组织要方便读者，服务设施要方便读者，服务方式要方便读者等。

图书馆是体现人类自由与平等理想的圣地。图书馆面前人人平等是图书馆界的"人权宣言"。图书馆服务中的平等原则，要求图书馆以博爱精神关爱每一位读者，尊重每一位读者，维护每一位读者的合法权益。在图书馆服务中贯彻平等原则，主要表现为对读者权利的充分维护。

图书馆服务创新包括理念创新、内容创新、方式方法创新等多方面内容。先进的服务理念是创新的基础，服务是一种品牌、一种文化、一种获得。从图书馆服务的发展趋势看，图书馆服务的内容亟须创新和拓宽，其主要趋势是加大信息服务和便民服务的内容。方式方法创新就是改变以往单一的馆藏文献的外借与内阅服务模式，利用现代网络平台，提供各种各样的数据库服务、知识库服务以及多种在线或离线信息服务。

读者是否满意以及其程度如何，是衡量图书馆服务质量的最终标准。满意原则是图书馆服务诸多原则中的核心原则。美国宾夕法尼亚州立大学的安达利和西蒙兹提出了测评读者满意度的五个命题：感受到的图书馆资源质量越高，读者满意度就越高；图书馆工作人员反应性越强，读者满意度就越高；感受到的图书馆工作人员能力越强，读者满意度就越高；图书馆工作人员道德行为越积极，读者满意度就越高；感受到的图书馆设施越好，读者满意度就越高。

新的图书馆服务五原则的理念实质就是要图书馆从建筑、资源建设、管理等方面着手，满足一切读者的一切需求，也就是要达到图书馆建筑与自然、图书馆与社会、图书馆与读者之间的和谐。

三、图书馆服务理念创新

（一）图书馆服务理念创新的必要性

随着社会的不断发展和变化，图书馆必须要进行服务理念创新。在新形势下，信息技术日新月异，在知识传播、创造模式等各个方面进行了改革，网络资源成了人们获取知识的主要渠道，信息用户也能够不通过图书馆直接又快捷地获取所需信息，在应对挑战和顺应信息化潮流中，作为图书馆有必要解放思想，开拓创新，进而实现自身的科学发展。服务是图书馆的核心和生命线，理念是指导行为的基础。图书馆只有创新服务理念，才能提高其竞争力，适应时代发展的要求。

（二）图书馆服务理念创新的实质

要想真正实现图书馆服务理念创新，首先图书馆人员要及时更新观念，不断创新，主动为信息用户提供信息服务，以提升图书馆服务质量为主要目的，创新的实质就是一切为了读者，使图书馆服务内容更加多姿。

当今是一个信息时代，加快了知识更新的速度，为用户提供更快、更好、更细的信息内容，才是真正意义上的服务创新。所以，图书馆要不断深化信息服务内容，利用馆藏实体资源和虚拟网络资源的优势，传统和现代有机结合，满足不同层次读者需求，真正体现图书馆服务理念创新的实质内容。

（三）图书馆服务理念创新内容

1. 服务观念的转变

服务观念的创新，使图书馆在发展中要时刻关注未来的发展趋势，并随之改变工作流程，制定新常规，由此提高管理效率。

第一，在网络环境下，图书馆服务要分工明确，树立整体观，网络环境为信息资源的收集、加工、整理和服务提供了新的发展机会，是图书馆服务提升的基础。在网络环境下，各方面都要做出适应的调整，原来图书馆的职能分工将重新整合，以适应网络环境的要求。图书馆各个部门都要做出努力，使图书馆成为一个信息资源网上共享和网上服务的有机组织，图书管理员的职能也会发生相应改变，逐渐地使他们成为新型的服务人员。

第二，在图书馆的最优化信息服务中，图书馆要对信息资源进行多次开发，实现信息资源的最大化和最优化。这就需要有超前的创新服务意识，加强图书馆的网络优化组织。要建造图书馆的网络，以便实现国内信息资源的共享，并逐渐发展到与世界各国进行合作，加快信息资源数据库的建设，实现与世界各国互相学习、互相引进的目标，更好地为用户服务。

2. 竞争服务观念

图书馆服务与社会其他服务活动关系密切，既彼此互相补充又互相竞争。就作为精神文化的服务而言，电视、文娱体育信息网络正日益发展、提高，任何人都无法摆脱社会文化的影响和制约，并同时参与文化的活动与创造。图书馆的生存条件面临着重大挑战，当今人们不仅可以享用丰富多彩的电视节目以及网络信息，还可以不出家门利用网上图书馆，获取各类信息，甚至通过网上书店购买书刊。大众传媒以及信息网络发展的动力是科学技术与社会需求，它们对图书馆既构成一种冲击，同时也提供了一个动力和机遇。纵观精神文化的求乐、求美、求知总体功能，图书馆作为社会求知的知识载体将永远在精神文化中处于龙头地位。

在社会发展不断进步的前提下，图书馆也应该树立更高的服务理念，要求图书馆员从自身工作出发，多角度、多层级为用户提供更加优质的服务，满足用户更广泛的需求，对此，图书管理员应该不断提高自我水平，提升自身素质。

3. 树立知识服务理念

知识服务是一种新的服务理念，是注重对信息资源的深层次开发和利用，注重知识资源增值的一种服务。与传统信息服务相比较而言，其区别主要在于：

（1）传统信息服务关注的是为用户提供了什么信息资源，而知识服务关注的是为用户解决了什么问题。

（2）传统信息服务只需要关注用户简单的提问，满足用户文献需求，知识服务则是一种逻辑获取服务，通过对信息分析重组而形成新知识产品。

（3）传统信息服务满足于为用户提供具体文献信息，而知识服务致力于帮助用户寻求或形成"解决方案"。

（4）知识服务关注其服务的增值，希望利用自身的知识和能力为用户提供具有独特价值的信息产品，而传统的信息服务更多的是基于对资源的占有，通过"劳务"来体现自身价值。

为此，知识服务需要图书馆员努力成为"一专多能"的复合型知识人才，将分散在相关领域的专业知识加以提炼形成符合用户需要的"知识精品"。

第二节 图书馆用户服务管理

一、图书馆服务原则

图书馆服务原则是图书馆行业作为社会的有机组成部分在承担社会职能时应该遵循的准则。图书馆在应对新时期的挑战时该怎样为读者提供服务，这对于巩固和提高图书馆的社会地位有着根本的意义。

（一）基本保障原则

图书馆应"以实现和保障公民基本阅读权利为天职"。提供最基本的图书馆服务，保障和实现读者最基本的利用图书馆的权利是图书馆服务中的最低要求和基本原则。基本保障原则主要包括基本的馆藏资源保障率、基本的图书馆覆盖率以及基本的图书馆服务设施提供等。

（二）开放与共享原则

现代图书馆的开放服务是一种更为广泛意义上的开放，不仅包括服务对象类型的开放、开放时间的延长和在线服务的不间断以及藏借阅一体化的书刊资源的开放，还包括图书馆空间资源的开放、设备资源的开放、馆藏数据的开放、读者互动内容的开放等。图书馆应该开放思想，利用资源共享和服务共享的办法实现为读者提供满意的服务。

（三）公平与平等原则

图书馆面前人人平等，是图书馆界的"人权宣言"。从图书馆自身来说，在提供服务的过程中，应该保持公平公正的原则，对所有读者一视同仁，使其获得公平和平等的服务。

从我国图书情报事业发展总体来看，虽然不可能达到绝对的均衡和平等，但是国家大力倡导和支持的各种文化扶贫、文化下乡等活动正是在为改变这种现象而努力，图书馆也不应袖手旁观，也要采取积极的行动，如关注和关爱弱势群体，给他们提供公平服务，施以援手，千方百计改善他们的阅读环境，为构建和谐社会做出应有的贡献。

（四）公益与免费原则

图书馆由国家和地方政府提供财政资金维系发展，承担着服务社会的重任，其服务理应是公益性的。《图书馆服务宣言》中的第一条目标是"图书馆是一个开放的知识和信息中心，图书馆以公益性服务为基本原则，以实现和保障公民基本阅读权利为天职，以读者需求为一切工作的出发点"。再次明确了图书馆服务的公益性原则。

公益性服务是图书馆区别于其他市场经营性文化的重要特征，也是图书馆参与社会文化建设的最根本原则。服务公益性的表现即遵循服务免费的原则，任何类型的图书馆不得乱收费，把握好制度收费和非制度收费的界限，制度性收费如复印扫描费不能过高，以维持成本为原则。

（五）便利与高效原则

第一，首先在地点和时间上方便读者，要体现以人为本的便利性原则。

第二，简化服务流程，利用自助借还设备，提高服务自动化程度，方便读者自行借还，节省时间，这在很多高校及公共图书馆都已践行。

第三，细化服务标准，关注弱势群体，提高管理水平，如一卡通通借通还的应用、流动图书馆的设置、弱势群体专用设备的应用等。

第四，做好馆藏资源揭示和远程访问服务、集成检索系统的应用和远程访问系统的开通，使读者在利用各类数字资源时能够便捷高效地获取所需资源。

第五，为读者提供高效、准确的服务内容，无论是简单的信息服务，还是高质量的智能服务，都要让读者感受到图书馆服务的高效和高质。总之，让读者体验和感受到方便无处不在，服务无处不在。

（六）多样与满意原则

随着信息环境的变化，读者自身的需求也出现了多样化和个性化的特征，"以读者为中心、让读者满意"的图书馆服务也理应根据读者需求和读者类型的改变在服务中遵循多样化原则，通过提供多样化的服务模式、服务内容和服务方法，满足不同类型读者以及同一读者不同个性的多样化需求。

读者对图书馆服务的满意程度是衡量图书馆服务效果的终极标准，所以说，满意原则是图书馆服务的核心原则。只有让读者满意图书馆的馆藏资源类型及质量，满意图书馆馆员的服务，满意图书馆的设备设施，满意图书馆的空间服务能力，满意数字图书馆的应用体验等，图书馆的价值才能够体现出来。

（七）创新与发展原则

创新是图书馆发展的动力源泉，只有不断地创新服务才能够捍卫图书馆的地位。在图书馆服务中坚持创新原则是指创新的内容、形式和方法要有针对性，要积极主动地研究读者的需求特征，根据读者的需求特点进行创新，而不是被动地迎合读者需求和闭门造车的地创新。在创新的过程中要优先保证多数读者的信息需求，同时兼顾少数读者的个性信息需求。在创新过程中提供的服务要具有易用性和易获取性，符合读者的使用行为。使图书馆服务在稳定发展中创新，以创新促发展，通过创新特色服务形成品牌服务效应，提高其自身的服务竞争优势。

二、图书馆服务内容

图书馆服务和一般服务行业有许多相同之处，比如，其服务口号都是服务至上，一切为了顾客（读者），都要与不同类型的人面对面地打交道，都存在着服务态度、服务质量及在服务过程中的化解冲突问题。然而，图书馆服务又有着自己独特的服务内容。参考一般服务行业的观点，从图书馆服务角度可以将图书馆服务内容划分为三个层面：职能服务、心理服务和管理服务。

（一）职能服务

职能服务是某一服务行业或部门所具有的特有服务，是区别于其他行业部门的独特功能。比如，饭店的"职能服务"是让顾客吃饱吃好；理发店的"职能服务"是理发、美发；而图书馆的"职能服务"就是让读者获得所需要的文献信息，并能够在安静舒适的环境里阅读、学习和研究。图书馆功能服务，按其服务中所依托的重点不同可分为依托文献资源开展的服务、依托人才资源开展的服务和依托建筑设备开展的服务。

（二）心理服务

任何一个服务行业都存在一个心理服务的问题。随着社会的发展，人们的温饱、物质需求基本满足后，心理的精神的服务便成为一种需求。因而，许多行业都把心理服务摆到了服务内容之中，心理服务是在人与人之间的服务交往中实现的。当一个读者向工作人员查询一本书或一条信息，能不能查检到属于功能服务的问题；而是不是主动热情、有礼貌，让读者感到受到尊重而高兴满意则是心理服务的问题。

心理服务在图书馆服务中,有着不容忽视的作用,它体现了图书馆的精神面貌和员工的思想素质,是来馆读者满意而归的基本保证。如果来馆读者查询到所需图书,但是其并不一定满意,很可能对馆员的态度还有意见。反之,读者如果没查阅到所需图书,只要馆员的心理服务到位,对读者做了耐心细致的解释,并向读者表示歉意,读者同样可以表示理解,满意而归。

(三)管理服务

管理服务有着两个方面的含义:一方面,图书馆有着庞大的读者队伍,读者的文化水平、思想素养各不相同,图书馆要制定相关措施来规范读者的行为,以确保图书馆的馆藏资源、设施设备的安全、有效使用。另一方面,图书馆员工队伍知识水平、职业素养等也参差不齐,为了保证图书馆各项工作科学、有序地开展,图书馆各项服务的到位落实、保质保量,图书馆需要制定一系列的管理制度并以此约束员工行为。两种管理都是从维护广大读者的利益出发的服务行为,因而可以称其为管理服务。

三、图书馆服务中存在的问题及改进措施

(一)图书馆服务存在问题

1. 服务理念较为落后

中国古代藏书楼"以藏为主"的观念对人们的影响较为深远,一定程度上阻碍了我国公共图书馆事业的发展。随着数字化时代的到来,"以藏为主"和"以书为本"的现象虽然已经有很大的转变,但"以用为主"和"以人为本"的理念还未能得到充分体现,导致现代公共图书馆应有的功能没有得以展现。一些公共图书馆仍然以藏书量多少或孤本善本多少作为其炫耀的资本,读者在馆内阅读这些珍贵书籍的手续非常复杂,更不可能外借认真研读。个别公共图书馆甚至将孤本和善本作为"镇馆之宝"束之高阁,既不对外开展借阅服务,也不对其开展深入研究,挖掘利用文献价值。

2. 政府经费投入不足

我国现在仍然是一个发展中国家,经济实力和西方发达国家相比依然存在着差距。公共图书馆事业是一个需要政府投资的公益事业,也就是说一个国家的公共图书馆事业的发展水平和其经济发展水平是成正比的。我国公共图书馆隶属于其所在地区的文化部门,其经费来源主要依赖国家和地方财政拨款。各市、县级公共图书馆资金普遍较少,往往只够维持馆内的基本运

转，没有多余的资金更新馆藏资源，补充先进服务设备，强化队伍建设，提升服务水平。此外，我国不同地区经济发展的不平衡也直接导致了不同地区公共图书馆事业发展的不平衡，特别是一些贫困地区的市、县级的公共图书馆，因经费不足而导致的服务水平低下的现状短期内难以改善。

3. 人员素质整体偏低

图书馆职业作为全世界公认的压力最小的职业之一，工作相对来说较为清闲，而且公共图书馆一般属于公益性事业性单位，工作相对比较稳定。如此一来，图书馆事业不仅缺乏对高层次人才的吸引力，而且成了许多"关系户"安置工作的热门之地，成为"甘于平庸者"择业的理想之选。长期以来，我国公共图书馆工作缺乏明确的入职门槛，加之在工作中对人才队伍的继续在职教育和培养不够重视，导致整个公共图书馆领域人员素质整体偏低。

4. 社会重视程度不够

长期以来，受管理体制的思维定式影响，人们习惯性认为公共图书馆的建设和发展完全是政府的事情，与个人无关，致使社会对公共图书馆的建设和发展的关注程度和支持力度不够。公共图书馆作为公益性事业单位，一直依靠各级政府财政拨款，其经费来源单一，几乎没有其他经费来源渠道。在接受社会捐赠方面，往往以专业性图书、资料、手稿等实物居多，很少有组织或个人捐赠巨资支持公共图书馆事业发展的报道。

在我国，组织和个人往往重视学校的教育功能，逐渐形成了捐资捐款支持学校建设发展的良好风尚。而公共图书馆作为一所社会性大学，受其教育功能发挥不足的限制，总体上还未得到社会的充分认可和尊重，公共图书馆帮助民众成长成才、民众成长成才后反哺支持公共图书馆建设发展的良性互动氛围尚未形成。此外，公共图书馆在对外宣传方面也是一直比较薄弱，社会对公共图书馆发展需求也缺乏足够了解，影响了社会对公共图书馆的重视和支持力度。

（二）图书馆服务的改进措施

1. 树立文献信息资源共享的观念，宏观协调，分工合作

随着信息技术的发展，我国的图书馆服务模式，由于原有格局分布，必然是多中心、多系统、多层次、多类型的局面，因此在信息经济时代更要强调分工协调，资源与信息的网上共享，网上服务共享，避免各自为政。例

如：在书目数据库建设中，已经存在重复建库，浪费大量资金和人力，所以，许多数据库的建设中不要走老路，国家有关部门要加强宏观干预，分工合作。

2. 强化图书馆信息资源的增值服务

提高信息的使用价值，就要提供信息本身的价值，有偿服务与无偿服务结合，提高服务质量，社会效益和经济效益并举，图书馆要通过服务，满足社会的需求，提高服务的技术含量，扩大服务的效果和服务的能力，使人们在网络和信息时代，都离不开图书馆的服务。图书馆要善于利用自身所拥有的信息资源、快速进行信息加工能力的优势；利用网络环境，对电子资源进行浓度分析与重组，提供信息增值服务。图书馆服务人员要掌握信息源，了解信息资源分布状况，熟悉信息网络的分布，熟悉网上信息机构，更好地组织网上信息，为读者服务。

3. 创新现代图书馆服务模式

信息技术为图书馆的服务提供了得天独厚的良好机会，图书馆应该抓住这个机会，对信息资源的收集、加工、整理以及服务赋予新的内容。图书馆的整体组织、人员安排、业务流程都要不断适应网络环境的要求。传统的服务方式可以利用网络环境来发挥新的效益。例如：图书馆的查询、外借预约、馆际互借等服务，可以通过网络功能实现。同时还可以利用网络的技术优势，拓宽服务领域。例如：信息的收集就不仅仅是采访部门的事情，参考咨询人员要参与信息资源的收集，原来意义上的图书馆分工被打破。图书馆服务工作和信息服务人员将越来越重要，随着图书馆各项服务工作的开展，这些工作人员都将服务于新型的图书馆服务模式。

4. 培养网络环境下新型的图书馆服务人才

实现网络环境下对图书馆的服务提出高水平、高质量的要求，必然对图书馆员的知识结构提出新的、更高的要求。知识和技术含量加大，向智能化发展，图书馆从事读者服务工作的专业人员在工作方式、工作价值、工作效率以及工作成果等诸多方面将发生质的变化。现代图书馆必须有适合网络环境的专业人才。这是关系到提高整体服务水平的关键问题。组织、设备、资金、机构的落实可以说是硬件，在短时间可以达到，但人才问题就是几年甚至几十年的问题。因此，国家要在宏观计划中，注意人才的培养。图书馆在人员的使用中，要注意发挥专业特长，培养一批新型的信息服务人才。

第三节 图书馆服务管理的主要内容

一、图书馆服务设施建设

（一）图书馆服务设施布局的基本依据

对服务组织来说，服务设施的合理布局，有一些基本的标准。

1. 设施布局安全性

如消防通道和安全通道的宽度，防火标志的醒目度，工作人员通道与读者空间的划分等。

2. 服务路线的长度

应尽量缩短服务路线的长度，减少工作人员和读者走动路线的长度，为读者和图书馆工作人员提供服务上和工作上的方便。

3. 服务路线的清晰度

服务设施布局要符合读者体验和利用服务的习惯，不同的功能区域要有明显的指示标志。

4. 管理合作和员工的舒适

合理的设施布局应使读者与读者之间，读者与工作人员之间，工作人员与工作人员之间联系方便，容易沟通，便于督导。

合理的设施布局，还应造就舒适的工作环境，以有助于提高工作效率。

5. 可进入性

所有的设施设备都要有较好的可进入性，以方便清洁与保养、维修。

6. 空间的利用和灵活性

设施布局过程中，一方面在保证一定服务条件的前提下，要尽可能提高空间的利用率；另一方面，设施的布局不仅要满足眼前服务的需要，还需适应长远发展。

（二）图书馆服务设施的布局原则

格局服务组织服务设施的基本标准，结合现代图书馆服务实践，图书馆服务设施布局应该遵循以下几项原则：

1. 以人为本原则

以人为本原则是图书馆服务设施布局的主要原则，它要求图书馆服务设施布局要符合人性的三大需求：审美需求、自然生理需求和由此产生的心理需求。这里的"人"，既指来图书馆寻求服务的用户，也包括从事用户服务和支持用户服务的馆员。因此，在图书馆服务设施布局时要考虑如图书馆设施与人体自然形态之间的合适性，服务设施与人体感觉器官的匹配性等。

2. 满足功能的要求

服务设施中，即使是一些艺术装饰品，也都是有着特定的功能。而这种功能又是与特定空间的功能相匹配的。因此，服务设施布局必须满足服务的功能，离开了这一点，服务设施就变成了多余的摆设，既不能为用户提供良好的服务，也会浪费大量的财力和物力投入。在图书馆的入口区、咨询服务区、阅览区、资源存储区、研究区、办公区、公共活动区、技术设备区，配置的服务设施及布局模式都应有所不同。

3. 尽可能满足用户的各种个性化需求

目前，图书馆服务在整体上有综合化的趋向，但对具体个体用户来说，却有着明显的个性化倾向。不同类型的图书馆用户，对文献信息服务的需求都是不同的，因而对服务设施的要求也各不相同。如科研人员和高校教师，除了外借图书之外，还需查找期刊文献、参考工具书和网络信息等，因此图书馆要设置工具书阅览室、报刊阅览室、电子阅览室等，以提供更多的文献信息；又如少儿读者生性活泼，不能坚持长时间阅读的生理、心理特点，除设置阅览室和外借处之外，还可适当设置活动室。

4. 效率原则

图书馆服务设施的布局要尽可能保证用户在最短的时间内接触到文献信息。目前，组织方便、高效率的读者流线，突出表现在"借藏阅"和"人机书"一体化模式的创立，从而改变了图书馆传统的运作模式。与此同时，服务设施布局还要提供高效率的馆员工作流线，从而保证优质、高效的后台服务。

5. 适应各类文献使用与管理的特点

不同类型的文献具有不同的使用和管理特点。要想科学管理各种载体的文献并充分发挥各种文献的作用，服务设施必须与文献的物理特点相适应。图书馆传统上也根据各种文献载体的利用特征来设置阅览室，如报刊阅览室、图书阅览室、视听与电子阅览室等，为用户提供多种服务，既满足了用户对某些特殊文献的需要，又便于各类特殊文献的管理与利用。

6.适应馆舍、人力等现有条件

服务设施的设置不仅要适应用户需求与文献特点，还必须根据各图书馆现有的人力、物力和馆舍条件合理配置用户最需要、最能有效利用文献的设施，以充分发挥现有馆藏文献、设备和人员的作用，最大限度地满足用户需求。

二、图书馆服务环境营造

图书馆是为读者提供文献、知识、信息服务的文化教育机构。随着现代社会的迅速发展，图书馆为满足社会需求，除了具备丰富的文献信息资源和素质优良的馆员外，服务环境的营造也是一个及其重要的方面。

（一）服务环境概述

1.服务环境的概念

服务环境是指为了向读者提供服务体验而建立的物质环境支持系统，包括读者能以感官感知的有形，无形因素。服务环境的概念界定应包含三个方面：一是从读者感知角度探讨服务环境；二是服务环境指物质环境支持系统，区别于人际交互的无形服务；三是服务环境除了肉眼可见的实体建筑、设备外，还包括了可触知、感觉的温度，声音，光线与同处在这个环境的人。

2.服务环境的构成因素

服务环境涵盖了能以感官知觉的有形、无形因素及服务传递发生的场景。有的学者根据环境心理学的研究，将服务环境的构成因素区分为三类，具体内容如下：

（1）潜在因素

潜在因素是指能够影响潜意识的背景情境，例如温度、照明、声音、气味等，这些都是可以影响读者愿意停留或者再度光临的环境因素。潜在因素是稳定的环境特质，读者通常不会立即察觉到或意识到。虽然读者通常未曾察觉潜在环境的存在，但是潜在环境却对他们的心情、工作表现，甚至生理健康都有深远的影响。因为潜在环境通常被视为理所当然，所以潜在环境对行为的影响是中性或是负面的。换句话说，当读者察觉到潜在环境时，顾客会采取规避行为，而非趋近行为。

（2）设计因素

设计因素是指对读者较为明显的视觉刺激，例如内外部的建筑、色彩、材质、配置和标示等，是存在于知觉最前端的刺激。所以，相比潜在因素，设计因素有较强的潜力可以塑造读者的正向知觉和鼓励读者的趋近行为。设计因素包括美感和功能两部分，美感如建筑、色彩等；功能则指配置、舒适性等、设计因素可以同时应用在外部和内部的服务设施上。

（3）社会因素

社会因素是指服务环境中的人，包括在服务环境中的其他客户和服务人员，他们的外表、行为和人数，都会影响顾客对服务组织的认知。

社会因素会对客户行为有正面或负面的影响。客户因素对于必须共享服务设施的服务机构，是一项重要的环境因素。客户人数对个别客户的服务经验会有正向或负向的影响。例如饭店前厅的结账、登记处大排长龙，餐厅人满为患，这些都会对顾客的消费行为产生负面影响，顾客可能因为不喜欢排队等待而打消光顾的念头。

3.服务环境的特点

对大多数服务组织而言，服务环境的设计和营造并不是件容易的工作。从服务环境设计的角度看，服务环境具有如下特点：

（1）环境是环绕、包括与容纳，一个人不能成为环境的主体，只能是环境的一个参与者。

（2）环境往往是多重模式的，其对于各种感觉形成的影响并不是只有一种方式。

（3）环境的边缘信息和核心信息总是同时展现，同样都是环境的一部分，即使没有被集中注意的部分，人们还是能够感觉出来。

（4）环境的延伸所透露出来的信息总是比实际过程的更多，其中若干信息可能相互冲突。

（5）各种环境均隐含有目的和行动以及种种不同角色。

（6）各种环境包含许多含义和许多动机性信息。

（7）各种环境均隐含有种种美学的、社会性的和系统性的特征。

因此，服务环境的设计和营造，关系着服务组织各个局部和整体所表达的整体印象，影响着用户对服务的满意度。设计和营造理想的服务环境，除了需要大量的资金投入外，一些不可控制的因素也会影响良好服务环境的形成。

（二）图书馆服务环境

图书馆服务环境就是图书馆为发挥其职能、保证其服务质量，为读者提供的各种服务以及为满足服务所组织起来的各种要素的综合体。图书馆服务环境应该是一个由多要素组成的集合体，它不仅包括读者可以直观感受到的有形的物理环境，还包括各种潜在的、无形的人文环境。

1. 服务资源

图书馆的服务资源主要是指图书馆的人力资源、文献信息资源以及图书馆的设施设备。人力资源是图书馆服务环境中最具能动性的要素。图书馆工作人员是联系文献信息资源和读者的纽带，不仅是文献信息资源的组织者和传播者，还是图书馆服务活动的提供者，在整个图书馆服务活动中起着导航的作用。文献信息资源在图书馆的服务环境中处于基础与中心的地位，既包括现实馆藏，又包括虚拟馆藏。文献信息资源是图书馆存在的最主要标志，也是图书馆开展各种服务活动的基础和重要保障。图书馆的设施设备主要包括外部环境、馆舍建筑、内部装修、导引标识，以及各种电子设备、打印设备、语音设备和为残疾人提供的各种必要设施。这些，都是图书馆开展服务活动的重要物质保证。

2. 服务空间布局

图书馆的服务空间布局主要包括图书馆建筑的整体空间设计、各功能区的科学布局、设施设备的布局和摆放等。

服务空间的布局关系到读者对图书馆的第一印象，良好的空间布局有利于树立图书馆的美好形象和读者对图书馆的利用。

3. 信息技术条件

信息技术条件主要指与图书馆服务有关的信息服务技术和网络技术。在现代社会，信息服务技术显得尤为重要。它不仅标志着图书馆的服务模式实现了由传统被动服务向现代主动服务的巨大转变，还延伸了图书馆文献信息服务的范围和功能。

4.服务活动

图书馆是服务性机构，它的一切工作都是围绕服务而展开的，服务是图书馆的终极目标和根本目的。因此，服务活动在图书馆环境中处于核心地位。图书馆的服务活动主要包括服务管理、服务手段、服务方法、服务交流等。除此之外，在服务活动中所体现出来的服务理念、服务态度也应包括在内。优化图书馆服务活动应该是一个系统工程，需要全方位、多层次地考虑。

（三）图书馆服务环境的营造

建立全新的图书馆服务环境，应以确立全新的服务理念为着力点，制定长远的战略规划，分步实施，并坚持不懈地努力，这样才能实现。

1.制定长远、全面的战略规划

制定战略规划，要明确首要的中心任务和后续任务，然后制定分步战略进程，并做出具体的阶段性实施规划。就现在来说，图书馆服务环境建设的目标是建立一个能提供高层次、优质、高效的信息服务环境，首要的任务是确立全新的服务理念和人文精神，此外还包括人员专业知识水平、综合服务技能的提高及制度资源、信息技术系统的建设和整合。

2.确立全新的服务理念

图书馆各级领导和馆员以至读者都需要转变观念，立足于世界信息网络，通过各种方式的教育和学习，认识当今世界信息技术和信息服务业的发展状况，认识当今世界的开放性和竞争性，从而形成全新的服务理念。全新的服务理念是对服务的精辟注解，它包含着服务宗旨、服务目标、服务意识以及服务创新等内容。

3.改善图书馆的功能布局

图书馆建筑和设施设备的设计与布局，是读者能够直观感受到的，对读者的影响也是最为直接的。优良的图书馆建筑设计与布局，首先应该与环境融为一体，并具备现代化的设施设备和各种人性化的便民服务。其次，要根据各功能区的特点来进行装饰，并设置合理的交通线路。图书馆要本着"以人为本"的原则，对其空间设施中的功能布局进行合理设计，提高读者利用图书馆的效率和水平。

第四节 图书馆服务管理的要求

一、图书馆服务职能存在问题

（一）封闭型的单一服务模式

在当今社会，传统的图书馆服务职能已经无法满足现有人们对于图书馆服务职能的需求。我国各种类型图书馆的工作人员，长期以来受到计划经济的影响，思想比较保守，重"藏"轻"用"，市场经济意识比较淡薄，缺乏信息商品化、信息资源开发利用等观念，在市场竞争、信息竞争愈来愈激烈的今天，图书馆的相当一部分馆员思想封闭保守，仅仅满足于"借""还"的传统文献借阅服务。这种粗放型的服务方式已不能适应 21 世纪高级情报用户的需求，不能满足社会对各类信息的需求，很难及时地向读者提供更多的信息资料，因而造成拒借率居高不下，远远跟不上信息社会的发展。

图书馆应该向全方位、多层次的服务方式转变，进一步提高馆员的敬业精神和职业责任，树立"为人找书、为书找人"和"急读者之所急，想读者之所想，一切为了读者"的新观念，从而把自己的工作看成是教学、科研工作的重要组成部分，以主人翁的姿态投入到工作中去。积极主动地配合教学、科研人员的工作，为其提供更多、更新、更好的情报信息以满足深层次、特定用户对象的需求。

（二）服务观念陈旧，不符合当前社会的需要

由于受传统观念的影响，把图书馆作为纯粹公益性的文化服务单位，认为无偿服务是高尚的，而有偿服务则低人一等，只是片面强调社会效益，从而忽视了经济效益。现代图书馆要为有关信息用户提供信息服务。图书馆工作人员就必须更新观念，强化信息服务意识。这从某种意义上来说是一种思想意识的大变革，是要改变人的认识方法、思维模式。

在市场竞争、人才竞争、信息竞争日趋激烈的今天，图书馆的工作人员只有多动脑筋、开拓创新、不断进取、更新观念、强化市场意识和信息服务意识，认真思考如何开发馆藏信息资源为用户提供信息服务，充分发挥图书馆的信息职能，把信息服务工作引向深入，才能在激烈的信息服务业中争

得一席之地。

（三）图书馆工作人员的素质问题

图书馆现有工作人员素质的高低，关系到图书馆开展信息服务的成败。我国各类图书馆现有人员数量已经不少，但总体来说素质不是很高，他们受自身学历、专业、知识等多方面条件的制约，导致不少人面对社会各阶层、各行业的信息需求，显得力不从心，特别是对自然科学方面，科研课题的信息需求更是难以应对。加上他们不熟悉市场运行机制，缺乏组织协调及应变能力，这些都会影响到信息资源的开发利用。另外，图书馆现有人员的知识结构不合理，图书馆学专业人员占很大比例，而其他学科专业人员则不多。当前图书馆缺乏能很好地开展信息咨询、市场调研、信息分析的高素质的信息服务人员。故此，也就降低了图书馆开展信息服务的市场竞争能力。

图书馆开展信息服务的主体，是具有一定的综合分析能力，并善于科学地加工获取文献信息的信息服务人员。图书馆要开展信息服务，就必须要提高现有工作人员的素质，通过各种途径，有计划地培养适应信息服务工作需要的新型信息服务人员队伍。一方面，可以通过举办信息资源开发研讨班、信息服务人员培训班等途径，分期分批地提高现有图书馆工作人员的政治、思想、业务素质；另一方面，可在高校开设信息资源开发利用、信息服务、信息分析、信息管理等专业，重点培养一批德才兼备的专业信息人才，充实到现有的图书馆工作人员中来，从而改善图书馆的人员结构，提高信息开发、信息服务队伍的能力和水平。

（四）服务对象单一

尤其像我们的高校图书馆，其服务对象主要是教师和学生。在这个信息商品化、信息市场化的时代，图书馆也应实现开放型的面向全社会办馆；面向社会、面向企事业、面向社会主义市场经济建设，统筹兼顾教学、科研、生产。

邓小平同志曾经指出："科学技术是第一生产力。"但是科学技术如何转化为生产力，如何为生产力提供动力，在这一点上信息服务是大有可为的。信息服务在社会生产力发展中的作用和价值是巨大的。

二、图书馆服务职能的转变

（一）开展多种服务方式

1. 把借阅服务从馆内推向馆外

把读者吸引到图书馆的周围，为读者服务是图书馆全部工作的出发点和归宿。除了对馆内的读者实行优质服务外，对馆外的读者也应该一视同仁，尤其是对老干部、军人、残疾人实行特殊服务。比如：派专人为他们送书，设立图书流通站为更多的读者提供优质的服务。

2. 举办展览

举办展览活动是拓展图书馆服务职能的又一重要措施。它是宣传社会主义两个文明建设成果，对读者进行教育的一种形式，又能定期向读者提供新书目以及专题资料索引。

3. 定期举办各种类型的知识讲座

由于图书馆是一座没有围墙的大学，所以图书馆这所"社会大学"应该走开放型、服务型之路。敞开大门为读者服务，举办各类知识讲座不仅能够充分发挥图书馆的教育职能，也能够拓宽读者的知识面，使图书馆的现有资源得到充分的利用，从而使他们能更好地适应社会的发展需要。

4. 更好地开展信息咨询服务

信息咨询服务是现代化图书馆的一项主要职能，是图书馆信息服务的高级服务形式，也是图书馆的基本服务项目。咨询服务工作开展得如何是衡量图书馆的社会地位和影响作用的标志。其目的是提供目录导引或解答用户的咨询问题，运用计算机检索帮助用户查找所需信息；信息咨询服务是属于知识密集、技术含量高、社会效益显著的综合性服务行业，以深层次开发文献信息产品为基点，大力开发具有高度准确性、真实性和具有较高的科学价值，以及具有长远效益的信息产品。因为充足的信息资源是信息咨询服务的物质基础，要建立各类信息咨询机构，如文献的代查、代译、开办培训、资料复印、检索、信息发布、成果转让等各种信息服务机构。建立图书馆信息服务网，加强馆际交流与合作，互通有无，充分利用图书馆的资源最大限度地实现资源共享；改变过去等人上门的被动服务，积极主动地为社会服务，为方便用户获取所需资料，各种信息机构可以编制二次文献的数据库，扩大用户可利用资源的程度，科学地处理"藏"与"用"的矛盾，从而使图书馆逐渐成为文献信息服务中心,大幅度地提高图书馆馆藏资源的利用率;满足读者用户对各类信息的需求,使读者成为真正的"上帝",提高咨询服务水平,还应想办法扩大服务对象范围,增加市场竞争的能力。为宣传媒体提供常规性的专栏资料,并收取合理的费用。

5. 开展"定题服务"

"定题服务"是指图书馆的信息服务人员,根据教学、科研、生产的实际需要,选定有关重点研究课题或亟待解决的关键性问题为目标,深入下去,全程一跟到底,经常提供对口性文献资料,为读者用户服务,直到研究课题完成,或关键性问题得到解决这种服务方法也称"跟踪服务",其特点在于主动性、针对性和时效性。

图书馆的信息服务人员在开展定题服务的时候,首先要主动了解教学、科研或生产的进展情况,在了解用户课题需求的基础上,选定服务课题,主动与用户挂钩,并运用自身的业务知识对馆藏文献充分了解之后,去开发信息资源。采取编制专题文摘、专题索引,以及专题综述、述评、专题参考资料等形式,主动地、定期地、有选择地将该课题所需要的最新信息、准确数据提供给用户使用,帮助用户解决问题这种服务形式,能够起到积极的先导作用,使用户避免走弯路。而且这样既节约了该特定用户查找信息的时间,又有效地利用了文献,提高了服务质量。

6. 开展馆际互借

它是馆与馆之间在文献信息资料利用上互通有无,互为补充,来为读者提供服务的一种方式;是扩大馆藏资源,实现资源共享,充分满足读者需求的主要手段之一;是图书情报部门进行文献资源协调共建的主要目的之一。联合目录是开展馆际互借的必备工具,能迅速准确及时地反映馆藏的流通状态,使互借申请有针对性,检索途径多且便捷,方便读者利用。区域性馆际合作的开展,使图书馆文献资料收藏的有限与读者需求的无限这一矛盾在一定程度上得到缓解,极大地提高了其流通率和利用率。

7. 建立信息服务网络

任何一个图书馆所拥有的馆藏文献都是有限的,所提供的信息产品也是有限的,所以只有利用现代化的网络技术以及图书馆之间的协作优势,提供全文本、超文本以及多媒体的信息服务,它可以使用户在查寻中央联合目录数据库时，能从系统的任何一处要求网上的内容，使所有入网的用户均可坐在家中或办公室内，足不出户，便可通过自己的终端检索网上所需文献，使图书馆的信息资源得到充分利用。

8. 开展创新服务和特色服务

创新服务主要指图书馆的现代服务，也就是说图书馆参与科技研究，把最新的信息以最快、最准的形式提供给科技人员，这种参与的结果能直接或间接地创造出相应的社会经济价值，也能展示图书馆员自身的价值。特色服务就是图书馆的服务形式、服务内容、服务效果的完美统一。开展特色服务是图书馆在做好常规服务的同时，根据现实的需要与可能，选定某一专题或领域作为自己的优势，在一次、二次、三次文献的收集、加工和提供利用上进行整体规划，形成特色。这样就能集中优势，对某一服务领域进行重点开发，提供独具特色的信息服务，以满足信息用户的特定需求。

（二）建立合理的规章制度

建立岗位考核、奖惩制度、业务档案、业务统计等相关制度。调整岗位结构，根据各自的特长设岗定量，充分发挥全馆人员的积极性，强化图书馆的管理，对业务操作规程实行必要的检查，以便更好地修改完善其规章制度，合理地调拨和安排人力、物力，努力做到人尽其才、物尽其用。

（三）提高图书馆工作人员的服务水平和服务能力

首先，优质的服务是深化图书馆的改革工作，促进图书馆事业发展的一项重要措施。由于图书馆的读者服务是处于第一线，每天要接待成千上万的读者，不仅为他们提供各项服务，而且要组织、宣传、推荐图书和组织指导读者阅读，工作十分繁忙。因此既要树立"读者第一""服务至上""全心全意为读者服务"以及"急读者之所急，想读者之所想"的思想，又要加强图书馆工作人员的业务水平，强化服务意识，使馆员不仅具有图书馆学、情报学等专业知识，还应具有一定的外语水平和具有一定程度的其他相关学科的知识。

其次，为了适应信息时代的发展，应该尽快培养一批名副其实的信息咨询、信息检索、网络分析等专业人才。由于用户缺乏应用现代网络技术进行查新检索的知识与技巧，容易造成误检和漏检，故应以举办业余讲座、短期培训班等短、平、快的形式对用户进行分期分批的培训工作，重点向他们介绍检索方法和技巧，创造条件积极主动地与用户交谈，与用户共同制定检索策略，获得满意的检索结果。这不仅有利于提高用户的检索水平，提高检索的速度和质量，而且提高了服务层次和质量，更好地向各类信息用户提供优质的服务，适应社会的需要，赢得信息用户的信任和支持。

总之，图书馆实行多种服务模式并存、灵活有序的综合运行机制，提高了工作人员的素质，更新其知识结机提高其服务技能和水平，积极主动地提供高效优质服务，才能使图书馆服务工作适应市场经济的需求，才能在广度、深度上有所发展，才能充分利用图书馆资源，才能使图书馆的服务工作迈上一个新台阶。

三、图书馆个性化服务

个性化服务是 20 世纪 90 年代开始出现的一个全新的服务理念，它很快成为信息服务领域研究的一个热门话题。个性化服务早已成为数字化环境下信息服务机构的重要发展方向，甚至成为信息服务机构可持续发展的关键因素。当前，个性化服务延伸到了很多领域，如新闻网站、信息检索系统、资源推送系统等。图书馆作为服务社会的文献信息中心、学习中心，针对用户需求开展个性化服务就显得尤为重要和迫切。

个性化服务作为数字环境下图书馆特色服务的进一步深化，摆脱了传统思想的束缚。为图书馆的生存与发展带来了新的思路与希望。在数字图书馆领域中，也需要研究用户的行为和习惯，对不同的用户采取不同的服务策略，从而使其信息需求得到最大限度的满足，已经成为深化和拓展图书馆服务的迫切要求是图书馆界需要解决的重要课题。

（一）图书馆个性化服务的内涵

1. 个性化服务的含义

个性化服务的实质是一种以用户需求为中心的服务。在图书馆领域，个性化服务又被称作个性化信息服务或个性化定制服务。它不仅可以有效地解决用户"信息过载"和"信息迷航"问题，而且可以极大地提高图书馆的服务质量和资源的利用率。信息的个性化服务是相对以往整体式服务而言产生的一种新型服务方式，已经逐渐成为当代图书馆新型服务模式的主流。

个性化信息服务是指能够满足用户个体信息需求的一种服务，即根据用户提出的明确要求提供信息服务或通过对用户个性、使用习惯的分析，而主动向用户提供其可能需要的信息服务。

个性化信息服务是基于信息用户的信息使用行为、习惯、偏好和特点来向用户提供满足其各种个性化需求的一种服务。

2. 个性化服务的内涵

（1）服务时空的个性化

服务时空的个性化是指突破传统的时间和空间的限制，由用户自己决定享受服务的时间地点。

（2）服务对象的个性化

它既可以针对单独的个体，也可以是具有相同特征的特定群体。因为同一层次、类型、地位、生活背景下的个体有着相似的信息需求。

（3）服务内容的个性化

它随着用户信息需求的发展而发展、所提供的服务不再是千篇一律，而是各取所需、各得其所。它既可以满足用户的专业需求，也可以满足用户的临时性需求。

（4）服务方式的个性化

它立足于用户的信息使用行为、习惯、偏好、特点和特定的信息需求，可以根据读者（用户）的个人爱好或特点的要求来开展服务。

（5）服务目标的个性化

它包括为用户提供信息内存和系统服务两个方面。

（6）服务支撑技术的个性化

它是动态的、不断发展的。既可以包括目前支持图书馆网上个性化信息服务所需的Web数据库技术、网页动态生成技术、数据报送技术、过程跟踪技术、数据加密技术等支撑技术，又包括智能代理技术等准备成熟的其他支撑个性化信息服务技术的研究及其应用。

（二）图书馆个性化信息服务基本实现方式

1. 个性化定制服务

个性化定制服务可分为个性化界面定制服务、个性化信息检索定制服务、个性化内容定制服务等。

（1）个性化内容定制服务

个性化内容定制服务，主要是用户根据自己的爱好、信息需求来定制信息，可以通过高校图书馆网站提供的内容模块选择，也可以自己提出相应申请。

（2）个性化信息检索定制服务

个性化信息检索定制服务，用户可以根据自己的检索习惯和要求选择相应个性定制，例如检索历史分析、个人检索模板、个人词表定制、检索工具、检索式表示方式、检索结果处理定制等。

（3）个性化界面定制服务

个性化界面定制服务，用户根据个人喜好选择网站界面的风格，可以直接选择网站提供的模板，也可以进行个性化的模块选择，例如界面的颜色、内容排列的方式、界面的整体结构等。

个性化定制服务的实现方式需要注意的是用户安全和隐私保护，如果用户个人信息一旦泄露，用户就会失去对图书馆的信任，所以图书馆要提供保证隐私安全的相关技术。

2.个性化信息资源管理服务

当今社会信息资源已经成为重要的竞争资源，图书馆属于信息资源管理中的一员。以高校图书馆为例，由于学科专业与科研方向存在差异，所以高校图书馆要结合本校的专业特点与教研方向来对信息资源进行分类、组织。在保证信息资源丰富的前提下，为用户建立个人定制的私人信息数据库，用户可以根据自己的需要和兴趣爱好完全自主地来定制编辑私人数据库，用户可以依据自己的理解对信息进行分类、归纳、整理，为用户管理信息提供个性化帮助。

高校图书馆可以建立特色数据库、专业学科库等特色资源馆藏为用户提供个性化信息服务，还可以通过引进信息资源整合系统，使图书馆的各个馆藏数据库之间实现统一检索方式，实现无缝链接。各高校图书馆还可以建立图书馆联盟，通过信息资源整合技术使得各图书馆之间的信息资源实现共享，避免馆与馆之间资源浪费，该服务模式的发展还受图书馆经济、政策等条件限制。

3.个性化信息推送服务

个性化信息推送服务是利用推动技术以计算机网络技术为支撑，根据用户信息需求，与图书馆网站建立契约关系，使得个性化信息服务系统主动将有用信息推送给用户，减少用户盲目搜索，提高信息检索获取效率，为用户节约时间和带宽等网络资源。

信息推送服务分为几个步骤，首先，用户通过图书馆提供的个性化系统，输入或选择自己的基本信息、爱好兴趣等。其次，个性化信息系统自动或人工对信息进行分析、筛选、整理，得出用户的信息需求模型。再次，根据用户的信息需求关键词在信息库或其他资源库找到与用户需求相关的信息，对信息按照用户的定制要求进行分类、整理。最后，将信息按时、主动地推送给用户。

4. 个性化互动式服务

互联网发展使得图书馆与用户之间的互动越来越重要、便捷，图书馆由传统的被动服务方式转变为动态的服务方式。目前图书馆网站的互动服务类型主要有三种：

（1）实时互动

图书馆馆员与用户借助即时聊天工具进行互动，例如 QQ 聊天、微信、在线咨询等。

（2）延时互动

用户可以将遇到的问题或者需求以留言、邮箱等方式进行互动。

（3）合作互动

常见的有图书馆对用户的调查，例如调查问卷等。

用户在与图书馆互动过程中获得所需信息，图书馆还根据用户的行为分析出用户的信息模式，该模式在服务过程中经过反馈不断进行修改，从而为用户提供个性化信息服务。

5. 个性化信息素养教育服务

图书馆是传承信息的重要场所，高校图书馆更是肩负着学生信息素养教育的重任，信息素养较高可以快速获取所需信息，提高信息意识和搜索能力。还是以高校图书馆为例，其服务对象出现明显的层次性，这就使得图书馆在普及信息素养教育基础上，需要开展具有针对性的用户信息素养教育。

教育过程中可采用嵌入式教学，在专业课的学习中渗入信息素养教育。

可以采用网络视频，将使用步骤、技巧录制成微课，供学生学习。

6.其他服务

图书馆的个性化信息服务除了上述的实现方式外,用户还可以利用个性化信息服务系统享受其他个性化服务,例如网上预约、文献传递、借阅历史查询、新书推荐等。比如高校图书馆网站建设的"我的图书馆""移动图书馆"等都是个性化信息服务的表现,用户可以借助自己的账号、密码登录个人空间,定制管理自己的个性化信息。

第五章 现代图书馆数字化建设与管理

第一节 图书馆自动化系统的建设与管理

一、图书馆自动化系统建设发展概况

随着互联网的发展，许多图书馆自动化系统厂商采用更加先进的技术来支持图书馆自动化系统。

（一）国外图书馆自动化系统的主要趋势分析

国内外图书馆自动化系统之间存在着较大差距。通过对国外主要图书馆自动化系统的一些特点进行总结，我们可以看到图书馆自动化系统的发展趋势。

1. 基于 UNIX 标准，采用先进的体系结构，支持多种通用平台

这种体系结构为自动化系统的灵活配置提供了充分保证，同时这种体系结构能够将大规模的事务处理分散到多个硬件平台之上，对于将来保持系统的高效运行、实现系统规模的进一步扩充有着重要的意义。

2. 采用大型数据库，提供全文检索和元搜索（Meta-search）功能

元搜索方式也已经引起图书馆自动化系统厂商的注意。利用 Z39.50、LHTML 分析以及其他相关技术，用户只需键入一次检索词，Meta-search Engine 就会自动将这一检索词广播给多个信息来源，分别检索各个信息源的内容，将各个信息源的检索结果集中整理，最后给出个经过重排序的检索结果。

3. 以 Web OPAC 为中心，构筑信息门户

"信息门户"的概念正在改变着图书馆自动化系统的发展方向。传统的 OPAC 仅提供一个图书馆的馆藏查询或进一步提供一些外部的数字资源

链接，在整个图书馆自动化系统中处于不起眼的地位。然而随着互联网的发展，OPAC 已从图书自动化系统的边缘产品成为整个系统的核心。随着检索（Z39.50）、馆际互借（ISO 10160）、流通（NS）标准的应用，互操作成为可能，许多图书馆自动化厂商已经将越来越多的服务内容建立在 OPAC 之上，构筑一个图书馆的"信息门户"。

4. 提供数字内容创建和管理平台，实现数字资源收集加工整理和应用

除馆藏书目之外，图书馆还需面对类型众多、内容各异的数字资源。为了实现对这些图像、视频及其他多媒体内容的管理，将这些内容与传统的书目记录进行集成，图书馆自动化厂商在其自动化系统之上开发和创建了新的数字内容管理平台。

5. 提供开放链接和无线道路，以实现系统间的互操作

越来越多的图书馆认识到链接是这一转换过程中的核心部分。许多图书馆都在创建以期刊为纽带的链接数据库，通过它可以存取到期刊的存刊状况、期刊的 Web 站点，甚至进一步地存取到期刊目次、期刊文摘乃至期刊的文章全文。随着网络技术的迅速发展和不断渗透，移动计算技术实现了任何时候、任何地点都能接入网络获取所需的信息这种服务方式。无论是用户从移动电话还是从掌上设备进行检索，服务器都能给予应答。系统可以检测到任何需要查询的客户，从基于个人计算机的桌面浏览器到移动电话或无线手提设备，例如掌中宝、便携式 PC 设备等。

二、我国图书馆自动化建设发展概况

我国图书馆自动化始于 20 世纪 70 年代中期，系统的研发始于 20 世纪 80 年代初，在 20 世纪 90 年代中期，我国图书馆自动化系统的研发曾经出现了一个高潮时期，当时推出了目前在国内较有影响的几个大型自动化系统并提出了"第三代图书馆自动化系统"的概念，图书馆自动化系统完成了由各馆单独开发到商业开发的过程，各馆纷纷购买了新的软、硬件，引进了国内外先进的图书馆自动化系统，提高了图书馆的工作效率和服务水平。

国内较有影响的几个大型自动化系统主要有：图书馆自动化集成系统；文献管理集成系统；丹诚图书馆管理系统；汇文文献信息服务系统；通用图书馆集成系统；金盘图书馆集成管理系统；"文津"图书馆综合管理系统等。以上各网书馆自动化系统基本上都包括八个模块：采访模块、编目模块、典

藏模块、流通模块、期刊模块、系统管理模块、OPAC（联机书目查询）、Z39.50系统模块等。

此后，国内图书馆自动化系统处于相对平淡的一个历史时期，无论在理论上还是在整体技术实现上都没有大的突破。有的学者甚至认为图书馆自动化系统已经达到了顶点，没有发展的余地了。然而，近几年随着计算机技术、通信技术和网络技术的不断发展，许多图书馆自动化系统已不能适应当前图书馆工作的需求，工作效率和服务水平都有待提高，特别是在我国信息化水平不断提高的今天，文献信息共建共享势在必行。因此，国内外图书馆自动化系统制造商在"第三代图书馆自动化系统"的基础上对图书馆自动化系统在多个方面进行了较大的改进，扩充了图书馆自动化系统的网络功能。

在我国三大体系的图书馆中，高校图书馆在图书馆自动化方面发展最快。一般来讲，高校和科研图书馆中自动化系统的应用代表着图书馆自动化系统的发展水平和主流市场。与之相比公共图书馆数量最多、分布最广。由于各地区的经济发展水平不一，公共图书馆的自动化水平参差不齐，但是它的自动化水平代表的是我国图书馆自动化建设的整体水平。目前，公共图书馆自动化建设水平较低，而且地区差异性很大，经济发达地区的县、区级以上图书馆都实现了自动化管理，而经济落后地区的市级图书馆都还处于手工操作阶段。

分析我国图书馆自动化系统的使用情况，很容易看出我国图书馆自动化系统在使用过程中的特点——区域性。形成这种区域性特点的原因有两个：①各高校在引进图书馆自动化系统时会到同地区的高校考察，获取系统使用的实践经验，在听取使用情况介绍过程中，受其影响而选择了同一系统；②同一地区或同一联盟的各高校图书馆为了实现地方性的文献信息资源共享而选择同一系统软件，这样有利于展开地区性的联合工作与服务，例如我国Calis的联合采购、联合编目以及地区性的文献资源共建共享。同样，在近几年的发展中，我国公共图书馆由原来的手工地区性协作网络发展成了现在真正意义上的地区性网络，形成了地区性的文献资源共建共享网络。这种基于同一自动化系统的地区性网络将会是公共图书馆自动化发展的一种趋势，越来越多的地区将会形成这种模式，从而实现全国所有地区、所有系统的图书馆的信息资源共建共享。

随着科技的进步，不管是高校图书馆、科研系统图书馆还是公共图书馆，初次引进的图书馆自动化系统由于受到当时技术背景或自身经济实力制约，在数年之后有些已不能适应当今时代的技术背景，不能满足业务上的时代需求，具体表现在以下几点。①旧的系统已不能处理日益丰富的多样化馆藏资源。比如随书光盘、多媒体资源等。②当前的图书馆自动化系统多是以书目为中心的服务，而目前读者要求的则是以内容为中心的服务，在这一点上自动化系统有待提高。③在网络技术日益普及的今天，我们要求图书馆自动化系统要提供资源与服务整合的功能，甚至是与外部资源的 API（服务接口）接口等。此外，由于图书馆自动化系统开发商自身的问题导致系统的技术支持受到影响，迫使图书馆更换原来的自动化系统。

三、图书馆自动化建设的发展趋势

（一）加强与完善自动化系统的功能

图书馆自动化系统要想更好地为用户提供服务必须根据用户不同需求的改变来适应各种多样化的使用要求，有效满足用户不同层次的需要。在此基础上，国产图书馆自动化系统必须加强与完善自身的功能。首先加强自动化系统的信息管理，实现图书采访、编目、流通、存取参考咨询、公共查询、联机检索等作业信息方面的管理；其次加强信息检索自动化。通过自建的信息数据库并与国内外的数据库系统自由联机或购买数据库开展相应信息检索服务。

（二）加强共享性较强的数据库建设

图书馆自动化系统除了要求在计算机网络方面有所改进外，更重要的是加强数据库的建设，大力发展索引型、文摘型、事实型和全文本型的数据库。要重视数据库的标准化和系统的兼容性与通用性，采取必要的技术保证数据的一致性，从而使数据库具有高度的共享性。当前对系统进行一次开发过程中多数系统都存在着难以逾越的障碍，因此随着图书馆发展需求，新一代系统不应再走一次开发的路子，应从实际出发从数据库基层开始，使产品能真正达到新时期图书馆的网络互联要求。

（三）加强新一代图书馆自动化系统的开发

1. 解决技术问题

图书馆自动化系统开发的正确技术路线是影响图书馆界日后发展的首

要问题之一，要开发出适合网络发展需求的新一代图书馆自动化系统，首先要解决技术问题，可从两点考虑：①在已存在的各图书馆自动化系统的基础上解决各系统之间的接口问题，这样各系统之间可以互联，系统功能可互补；②由政府协调和引导，与主要软件开发商拟订合作开发与推广方案，开发商之间不应回避技术困难，应在曾开发过的第一代图书馆系统的经验基础上取长补短，齐心合力攻克难关，扫除一切技术问题，为我国图书馆自动化系统的开发选择正确的技术路线。

2. 解决系统开发的人力资源问题

由于目前在图书馆界具备新系统开发能力和技术的人员有限，但可从原来系统开发的成功项目中吸取经验，打破图书馆界人才难以流动的局面，在全国范围内招聘优秀软件开发人才或高薪引进人才，在原有的、基本的、核心的功能基础上开发出新一代图书馆计算机系统。如果组织合理，有可能短期内就能达到开发目标。

（四）加大图书馆自动化系统网络化的进程

我国图书馆界目前所应用的图书馆自动化系统大多数只是机械地"复制"传统图书馆的各个环节的操作，甚至呆板地照搬手工工作流程，软件的编制多是先由图书馆人员提出传统手工作业工序与流程，然后尽可能地将其一一转化为计算机自动操作模式，未能充分发挥计算机的功能，并不能称为自动化系统，而只能称其为利用计算机对图书馆某些工序进行自动控制。信息网络化将成为图书馆建设的新模式和发展方向是确定无疑的。随着现代化技术的应用，图书馆各个环节的工作将逐步走上网络化、智能化和自动化，服务方式与内容出现多样化，管理模式开始实现协作化。所以，我们应该突破传统图书馆的界限，设计与网络接轨的自动化系统，使图书馆的自动化系统实现网络化，通过网络各种图书馆进行联合，在资源共建共享的前提下开展各项信息服务，为读者提供更完善更系统的服务。

1. 实现图书馆之间多元接口的网络互联

在当今的信息社会，数字化、网络化已成为现代图书馆发展的必然趋势。传统图书馆要想发生质的变化，首先图书馆自动化系统必须具有强劲的网络互联功能，要达到图书馆之间的网络互联应解决以下多个接口的技术问题：系统接口类——Z39.50联机访问接口、HTML超文本接口、系统与各种关系型数据库的接口、多媒体信息处理接口、全文数据库接口等。

2.实现图书馆资源共享

通过地区或本系统网络成长,开展联机合作编目、采访协调、馆际互借和联机检索,实现地区性资源共享,并通过本地区或本系统的网络接通国家信息网乃至国际信息网络,参与全国乃至国际资源共享是图书馆自动化发展的趋势。读者方面,实现网上阅读、查找资料,电子阅览室,不仅为读者提供了"查找资料"这一图书馆传统的功能,而且为读者开通了一条对外交流的方便而快捷的途径。具体的工作有以下几个方面。

(1)实现UNIX书目数据库共享

读者可以使用主题、分类号、题名、责任者、国际标准书号等检索方法,可对中国书库、期刊库、采购库等馆藏书目数据库进行检索并获得相应的书目信息。因此,图书馆一定要建设具有特色的专题数据库,为广大读者提供更好的服务。

(2)充分利用国外数据库

开展对国内外大型数据库的检索,充分让读者领略到知识海洋的丰富和享受到获取文献信息的便利,能更好地实现图书馆工作价值。

(3)图书馆的网页服务

在网上发布图书馆简介、图书馆规章制度、藏书资源布局、开放时间、服务指南、图书馆最新消息、新书导报等信息,同时还可以开设网络信息资源,推荐选修课或在文献检索课中增加电子信息检索内容。

图书馆实现自动化、网络化也是时代对图书馆的要求,同时也是图书馆发展的必由之路。

第二节 数字图书馆的建设与管理

一、数字图书馆概念

20世纪90年代初期,计算机技术、网络技术、信息存储技术等高科技的飞速发展,使数字图书馆冲破最后的技术障碍,成为信息服务业一个明确的研究开发领域。在其后的多年里,数字图书馆得到了世界范围的瞩目,美国首当其冲,其数字图书馆先导研究计划第一期的成功和第二期的实施对美国乃至世界各国的数字图书馆建设起到了极大的推动作用。与此同时，各国的数字图书馆研究高潮迭起，有关计划、项目和课题层出不穷，从互联网可以查到的数字图书馆项目、课题就有数百个之多。每一个项目的组织机构都站在各自的角度，以自己的理解对数字图书馆进行开发和研究，使数字图书馆的概念定义和发展形态呈现出跨国界、跨行业、跨学科的丰富性。

对于数字图书馆这样一个正处在不断变化发展的新生事物，确定一个科学、完整而又公认的定义还需要长时间的认识和发展过程，目前经整理过的定义有近百种，它们从不同角度对数字图书馆的内涵与外延进行了界定。

数字图书馆是在分布式计算机网络环境中信息资源的组织形式，提供国家信息基础设施（NII）的关键性信息管理技术，并提供其主要的信息资源库。对于数字图书馆的内涵可以理解为利用数字技术和计算机网络创建、存储、获取、发布、传播信息的图书馆或信息机构。

总之，以上任何一个定义都揭示了数字图书馆的三个基本要素，即数字化资源、网络化存取和分布式管理。数字图书馆聚集了 21 世纪多个领域的高科技成果，是网络环境下的信息集散地，是一个国家乃至全世界的数字信息平台和知识中心。

二、数字图书馆具有的特征

与传统图书馆相比较，数字图书馆表现出了更具发展潜力和服务力度的特征。

（一）信息资源数字化

数字图书馆信息资源以二进制编码形式存储，用"0"和"1"来组成信息资源的细胞，是借助于计算机技术才能读取的多媒体数字信息资源。信息资源数字化是数字图书馆区别于传统图书馆的本质特征。

（二）馆藏虚拟化

数字图书馆消除了传统图书馆的实体及时空限制，它是一组由计算机、服务器等设备组织起来的电子设备，通过网络向外延伸，形成一个虚拟馆舍，数字图书馆创造了一个奇特的"信息空间"，用户对馆藏的利用不再受地理位置及时间的限制。

数字图书馆的信息服务依托国际互联网平台，通过计算机和现代通信网络为用户提供各种信息服务，检索方便，开放性强。用户通过远程联网计算机就可以轻而易举地查询数字图书馆提供的信息，用户只需关心自己的信息需求，不必考虑信息来自何处。

（三）信息服务个性化

网络环境下，用户对数字化信息及信息服务形式的个性化需求日益突出，数字图书馆作为依托于网络的信息服务系统，提供个性化、主动化的信息服务成为其不可推卸的责任，嵌入个性化定制、个性化推送功能是数字图书馆增强竞争力的有效手段。

（四）信息利用共享化

数字图书馆信息资源的数字化和传递的网络化带来了信息服务的共享化与开放化，其共享化的广度和深度是以往图书馆所无法比拟的，具有跨地区、跨行业、跨国界的特点。

（五）信息提供知识化

目前，数字图书馆正努力实现由文献提供向知识提供的转变。它将各种信息在知识单元的基础上有机地组织起来，以动态分布式的方式提供信息服务；而元数据、自动标引、内容搜索、数据挖掘等知识发现与组织技术将成为数字图书馆发展的关键技术。

三、成功的数字图书馆信息服务模式

数字图书馆的建设逐渐表现出结合用户的需求特征，分析并制定能满足和预测用户信息需求的服务策略，建立相应的信息服务模式。当前成功的数字图书馆信息服务模式是以用户的需求为牵引，利用数字化资源和相关技术开展有效的、不同层次的、多种类型的集成化、个性化信息服务，从而逐步建立一个支持用户有效利用信息、提炼知识、决策分析、解决问题的知识服务机制。

（一）数字图书馆信息服务模式对传统服务模式的创新、发展和突破

其将补充而不是替代传统信息服务，数字图书馆信息服务的优越性是传统图书馆所无法比拟的，但从图书馆学理论的角度分析，无论图书馆以何种模式出现，都将秉承其收集、管理并传播文献信息的基本职能。因此，在理论上，数字图书馆只是从根本上改变了信息收集、加工、存储、传播与利用的方式，进而拓展和优化了传统图书馆的服务模式，其基本职能和服务宗旨并未改变。由此可见，数字图书馆的信息服务模式是以最大限度地满足用

户需求为宗旨,是对传统服务模式的创新、发展和突破。

(二)成功的数字图书馆的信息服务模式是以用户为中心的集成化信息服务

数字图书馆历经十余年的发展历程,从侧重基本结构和数字化资源总体建设阶段步入了"以人为本"的发展阶段。现如今,数字图书馆成为一种集多种智能化技术于一身,融多种信息资源于一体的综合性的信息资源库,并力图提供集成化的信息服务。数字图书馆的集成信息服务是指针对某一特定领域或特定用户群的信息需求,集成多种信息技术把多种服务形式与分布式管理的信息资源集成为有机的整体,使用户得到面向主题的"一站式"的信息服务。因此,数字图书馆区别于传统图书馆和其他门户网站的重要特征是:它既不是传统图书馆以机构和资源为中心的模式,也不是各种网站的以系统为中心的模式,而是以用户为中心的集成化、多元化服务模式。

用户的个性化信息需求促使个性化信息服务成为数字图书馆集成信息服务的主导形式。网络环境下,用户的信息需求日益个性化,从而引发数字图书馆信息服务模式的深刻变化,个性化信息服务逐渐成为数字图书馆服务的主导方向。数字图书馆个性化信息服务的基础就是集成信息服务,前者是在后者的基础上给数字图书馆加上了一个智能化的、友好的人机界面及个性化系统,它有效地帮助用户准确表达信息需求,将数字图书馆集成信息服务的结果提供给用户,同时为用户提供网上私人信息空间。所以个性化信息服务是数字图书馆集成信息服务的深化与发展,它能最大限度地发挥数字图书馆的集成信息服务功能。

总之,成功的数字图书馆信息服务模式是以用户为中心的、高度社会化、开放化的信息服务系统,呈现出信息资源数字化、信息传递网络化、信息利用共享化、信息提供智能化、知识化,以及信息服务集成化、个性化、多元化的发展趋势。

四、我国数字图书馆的发展趋势定位

目前,纵观世界范围数字图书馆的研究和发展,因国情、国力等因素的影响,在研究重心、发展趋势等方面表现出了不同的倾向。目前数字图书馆的研究大体上分成三种类型:技术主导型、资源主导型和服务主导型。

技术主导型以涉及数字图书馆基本结构和信息资源的创建、获取、存储、组织、检索、发布、版权管理等方面的技术创新和开发为主要目标，以美国数字图书馆先导研究计划第一期和第二期为代表。

资源主导型以资源数字化为目标，借助一定的技术手段提供网络检索、在线浏览和下载，很多项目属于传统图书馆馆藏资源的数字化，以"美国记忆"项目、纽约公共图书馆历史收藏项目为代表。

服务主导型则以各种类型的文献信息数据库的整合、系统服务和资源导航服务为目标，结合各种先进的服务手段，如个性化定制、个性化推荐服务等，并常常用到各种电子商务手段，如用户认证、付费管理等，主要特征是深层次的文献、信息、知识服务，常常是传统图书馆向数字图书馆转型期的必然选择。以美国康奈尔大学数字图书馆、加利福尼亚数字图书馆项目、大英数字图书馆项目为代表。

技术主导型的数字图书馆建设主要由 IT 界来承担，我国的信息技术起步较晚，相对落后于先进国家，数字图书馆建设中的主力军是图书馆和信息服务机构，可见我国的数字图书馆建设不适合以技术型为主。资源主导型的数字图书馆比较适合我国国情，我国占有一定的资源优势，数字化是当前我国数字图书馆建设的重点。但是，随着技术的进步与完善，资源数字化日益简单，用户也不再单纯满足于大量的数字化资源，而是渴求全方位的服务。因此，建立在技术型与资源型数字图书馆基础之上的服务型数字图书馆应是我国数字图书馆的未来发展方向。

五、数字图书馆的知识产权保护

数字图书馆就是将数字作品依托网络为读者提供信息服务，从而在相应用户群范围内实现资源共享。数字图书馆具有信息存储量大、检索速度快、查询自由等特点，读者在任何时候、任何地点通过网络都可以获取所需信息，极大地拓展了图书馆的服务外延，使之成为跨越时空限制的知识中心和信息服务基地。由于数字图书馆具有资源数字化、传递网络化、资源共享化的特征，必将导致馆藏作品载体形态改变和传播范围的扩张，进而直接涉及著作权人的网络传播权和出版者的邻接权，使数字图书馆的发展明显受到了著作权法的多处限制。

（一）数据库建设与使用中的著作权问题

数据库是数字图书馆的核心，主要分为购买数据库和自建数据库两种类型。

1. 购买数据库

其涉及的著作权问题已由数据库出版商解决，但数据库本身属于汇编作品，图书馆在购买时要注意与数据库出版商签订使用协议，主要包括用户定义条款、使用方式条款、保密条款和技术支持条款等。只要严格遵守这些条款，一般不会发生侵权纠纷。在签订的协议中，应当特别注意用户定义条款和保密条款，这直接关系到数据库的合法用户群（使用范围）和技术秘密，是最容易发生侵权危险的环节。

2. 自建数据库

是图书馆依托馆藏作品或其他资源采用数字化技术手段自己开发建设的特色数据库，一般包括书目数据库、文摘数据库、全文数据库。书目数据库在开发过程中基本上不存在著作权问题，但必须尊重著作权人的人身权利。对于文摘型数据库，公众普遍认可的观点是属于著作权法规定的合理使用行为，无须经过权利人的同意，也无须付酬。但也有部分人认为，作品刊登后，除著作权人声明不得转载、摘编的外，其他报刊可以转载或者作为文摘、资料刊登，但应当按照规定向著作权人支付报酬。按此条款规定，制作文摘型数据库时，可以不必取得著作权人的同意，但要尊重其署名权并向其支付报酬。这虽有一定的法律依据，但在实践中，因图书馆在文化传承和信息传递的特殊社会地位，为此而发生的侵权诉讼尚无先例。没有发生并不代表不会发生，如果图书馆的文摘做得不规范、不标准，摘引内容构成作品实质的暴露，同样存在发生侵权的危险。因此，开发文摘型数据库时，其文摘的质量一定要规范，既能反映作品的主题，又能保护作品本身的安全。

（二）图书馆信息服务工作中的著作权问题

1. 参考咨询工作的侵权危险

其发生著作权侵权的危险主要存在于咨询用户的范围界定和收费与否。为协议之外的非法定用户群提供咨询服务，超出了图书馆对作品使用的范围，会侵害著作权人的作品传播权。如果是有偿咨询服务，则发生侵权的风险大大增加。此外，对作品内容作频繁的摘录和引用时，如果不严格按照版权法的要求随时注明著作权利人及引文出处，也可能侵犯作品权力人的人身权和出版邻接权。

2. 馆际互借服务中的侵权危险

馆际互借是图书馆实现资源共享的重要手段，其交流的手段有传真、电子邮件、扫描等。根据著作权法的立法精神，图书馆之间的馆际互借与文献数据库和经授权的、合理使用的或法定许可的作品避免被他人非法传递应该是一种有限制、受控制的行为。事实上，我国图书馆界之间的馆际互借服务尚不规范，很少考虑侵权风险，或者说对馆藏作品的使用范围、使用权限认识不到位，由此涉及的知识产权问题较多。为此，当前不少国外文献和数据库出版商与国内图书馆在签订购买合同时，要求图书馆定期提供馆际互借的使用量或对其进行一定的限制。因此，图书馆开展馆际互借服务时，应提高侵权的风险意识，判明借方的作品使用动机和目的。对以个人学习和科研为目的的用户，可界定为合理使用，但要慎重控制好收费标准，以确保图书馆的这项服务没有赢利色彩；而对于来自商业或产业的用户，就应加收相应数量的版税补偿给权利人。

3. 数字视听服务的侵权危险

几乎所有的数字图书馆为了丰富服务内容，都在其网站上开设了视频点播、音乐在线、艺术作品欣赏等，用户可以通过本馆的搜索引擎无偿使用或下载。虽然使用和下载控制在局域网内，传播范围也仅限于本馆用户，但从理论上讲，只要是局域网的用户都可以使用和下载，这就与合理使用所要求的"少量"标准不符，有侵害作品权利人网络信息权、复制权的危险。此外，电子阅览室开展的有偿视听作品的复制服务、光盘刻录服务等，因存在收费行为，其构成侵权的风险更大。

4. 联机检索服务的侵权危险

图书馆在网络检索时，采用有偿或无偿的方式为用户检索网络中由数据库服务商、电子网络出版物检索中心等提供的数据库信息，从某个数据库中套录内容而建立自己的数据库，将检索结果套录下来或累积起来存在本馆数据库中等。这种做法可能损害了数据信息提供者的利益，侵犯了数据库专有权。将以前查找的结果累积成文档，实际上是对原作品的改编，存在对著作权人作品汇编权和保护作品完整权侵害的危险。因此，图书馆在联机检索和数据库开发建设中应特别注意避免使用他人数据库的全部或实质部分，需进行独创性编排，开发具有自身特点的数据库。此外，侵权危险还存在于文献采购过程中，如采购盗版复制品等。

（三）数字图书馆著作权保护与防范机制

虽然著作权作为一种专有的私权受著作权法的保护，但著作权法在立法时也充分考虑到公众获取信息权利的需要，为平衡私权与公权作了一定的私权滥用的限制，如合理使用、法定许可、强制使用等。图书馆作为公众权利的代表，应该在行使公众传播权利的同时尊重著作权人的作品专有权，依法建立规避侵权的防范机制，以保证数字图书馆的健康、可持续发展。

1. 采取技术保护措施

指在正常运行中版权人和相关权利人为有效控制、防范或阻止他人非经授权访问、接触作品或使用其作品而主动采取的技术保护措施。按 TPM 的功能不同，分为控制访问或接触作品的技术措施和控制使用作品的技术措施两种。数字图书馆可以利用技术保护措施，使自己开发的各种数法复制、套录和下载，达到保护知识产权的目的。

随着知识产权保护意识的不断加强，数字图书馆为规避侵权危险都采取了相应的技术保护措施。如访问控制技术、密钥管理与算法技术、数字水印技术、VPN 技术、防火墙技术等。这些保护技术和措施都发挥了很好的作用。

2. 充分行使"合理使用"的权利

合理使用制度是著作权法为保障社会公众合理获取信息权利对著作权独有权利的一种限制。按照合理使用的规定，在法律规定的条件下，基于正当目的而使用他人版权作品不必征得权利人的同意，也无须付酬，但应尊重作者的署名权。因此，在数字图书馆的建设和使用过程中，要充分利用合理使用的条款。

（1）馆藏文献数字化侵权危险的规避

对超出版权保护期进入公有领域的作品进行数字化，但要尊重权利人的署名权、修改权和保护作品完整权。对不受版权保护的作品如法律法规，国家机关的决议、决定、命令和其他具有立法、行政、司法性质的文件及其官方译文、事实新闻、历法、通用数表和公式等作品，进行数字化处理时要特别注意版权状态、出版邻接权和使用方式。对保护期内的作品进行数字处理时，虽然数字化行为是复制方式的一种，但根据我国相关规定，数字复制件可以不经版权人许可，允许本馆使用者在馆内局域网或单机上向读者提供数字复制件的浏览服务，但不允许下载和打印。

（2）网上信息链接的侵权危险规避

如果链接行为没有形成任何复制件，设链者的服务器内就不会形成被链材料的复制，就不存在侵犯复制权的问题。实际上，链接技术本身只是对用户寻找所需浏览网站的引导，如超文本链接的外链是对其他网站主页的链接，超文本链接的内链接是指绕过网站主页直接链接到分页上。因此，这种链接行为一般不会侵犯权利人的信息网络传播权。

（3）数据库开发和套录过程中侵权危险的规避

图书馆开发的指南性数据库，如元数据库、书目数据库、数值数据库等，主要是对用户的引导，不受著作权法的保护，但应尊重权利人的人身权。对于文摘型的数据库开发，在规范其摘编的前提下，利用有关"合理节略"的规定进行规避，一般不会发生侵犯权利人的翻译权和改编权的情况。对开发的全文数据库，其中对在保护期内的作品使用必须严格把握是为个人所用或科研目的而制作的，并且限制在馆内使用的，非商业性的。由于我国尚未建立数据库特殊权利保护制度，数字图书馆可以对他人制作的在"材料的选择和编排"达不到独创性要求的数据库进行合法套录。

3. 利用"法定许可"制度的规避

法定许可是指法律许可，以特定方式和某种条件使用著作权作品，可不必征得作者的许可，但须向著作权人支付报酬，并在适当的位置注明作者的姓名、作品出处。图书馆作为公众利益的代表，各国版权法都针对图书馆制定有专门的合理使用条款，但数字图书馆在线性、共享性、大量性的特点，使得数字作品的使用范围和用户群、使用数量方面的控制很难实际操作。因此，仅靠合理使用条款很难保证不发生侵权行为。但图书馆在法定许可方面仍具有一定的灵活性。

数字图书馆利用法定许可来有效补充合理使用制度是行之有效的办法。至于法定许可的付酬问题可通过版权集体管理制度来解决。

数字图书馆建设中的知识产权问题实质上是知识产权在网络环境下的运用问题。它一方面促进数字图书馆的建设和发展，保护权利人的利益；另一方面又制约着数字图书馆的发展和社会公众利益。我们探讨侵权危险的规避，是为了使数字图书馆这个平台更快捷、更广泛地促进知识的扩散与传播，使广大的社会公众从中受益，促进科技进步和文化事业的繁荣。如果过分强调知识产权保护而忽视社会公众的利益，忽视数字图书馆建设给权利人和社会公众带来的共同利益，势必导致数字图书馆建设和使用举步维艰、难以适从，从而使知识创新和知识扩散受阻，这与知识产权保护的初衷相违背。因此，平衡好权利人与社会公众的利益关系才能保证数字图书馆建设与知识产权保护的和谐发展。

第三节 图书馆特色数据库的建设与管理

一、目前我国图书馆特色数据库建设存在的主要问题

（一）数据库建设条块分割、各自为政

我国的文献信息服务机构主要由三大服务群体组成，即高校图书馆系统、公共图书馆系统和科技系统。各服务群体隶属关系和管理体制不同且国家对之缺乏宏观调控，没有一个负责对各系统特色数据库建设实行整体规划和协调数据库建设多方参与者之间利益的权威性机构，各系统之间缺乏横向联系和整体协调，具体表现在数据库存建设上是条块分割、各自为政，以致所建成的数据库往往是结构单一、规模小、专业面狭窄、标准不统一且大多只能是自用数据库，共享性差。我国图书馆数据库建设"单打独斗"的局面已经严重阻碍了我国数据库产业的发展。但随着因特网的普及和网络技术的成熟，三大系统之间实现信息资源共建共享已成为信息时代信息资源建设的必然趋势。

（二）数据库建设的标准不统一

数据库建设的标准化、规范化是实现信息资源共建共享和文献信息检索自动化的重要基础和前提之一。数据库建设的标准化主要表现为两个方面：数据库管理系统的标准化和数据库数据著录的标准化。由于我国缺乏统一的信息资源建设管理机构，各图书馆或数据库开发商各自为政、各行其是、自由发展，在数据库建设的标准化和规范化方面处于比较混乱的状态，各系统有各自的标准。在数据库管理系统的标准化方面，具体表现在基于数据库管理系统的标引系统、检索系统和操作系统等的多种多样；数据库格式、字

段不一；数据的标引、分编、检索点选取没有统一的标准和严格的质量控制，由此造成数据库的兼容性和互操作性差，原始数据处理不完备、不准确、不规范、不统一，从而影响了数据库的共享，限制了数据库作用的发挥。

（三）知识产权保护相关法规亟待完善

随着我国文献信息资源的数字化，知识产权问题已成为数据库建设中的热点。一方面，数据库的开发在制作上凝聚了开发者辛勤的劳动和智慧的结晶，并投入了大量的人力、物力、财力和技术，具有创造性，应受到法律保护，享有完全的知识产权；另一方面，被收入数据库中的原作品著作权人的合法权益也理应得到保护。但事实上由于知识产权保护意识不强和相关法规不健全，以致有关侵权事件或法律纠纷时有发生。由于数据库往往是采用电子数字形式，它与计算机软件一样很容易被复制、套录和篡改甚至非授权使用，使得数据库开发者的智力成果极易被侵害，从而损害数据库开发者的利益，打击了他们开发数据库的积极性。

知识产权保护需要从法律、运营、技术三个方面去考虑和解决。增强知识产权保护意识，完善相关法律法规，在遵循现有有关法律的前提下，最终合法地解决版权保护问题。如何尽快从运营和技术两个方面出发，建立公正和实用的运营模式和技术平台，是当前我国文献信息资源数字化必须解决的难题。

（四）特色数据库的共建共享有待进一步改善

信息全球化的一个重要标志是实现全球信息资源的共享，而实现国内信息资源的共建共享是这一目标的基础和前提。在这方面，我国已开展了卓有成效的工作。"中国高等教育文献保障系统（CALIS）"是我国高等教育系统文献资源共建共享的典范。"全国文化信息资源共享工程"建立了由国家中心、省级分中心、基层中心组成的网络，进行文化信息资源的建设与传播，为社会大众提供信息服务。与此同时，在经济比较发达的北京、上海、广州及其他一些地区的高校图书馆也纷纷建起了以实现本地区资源共享的网络系统。在高校图书馆系统文献信息资源共建共享的先导作用下，公共和科研系统图书馆也纷纷开展了基于网络环境下的文献信息资源共建共享活动，目前已基本形成了公共、高校、科研三大系统三足鼎立的文献信息资源共建共享的格局，所有这些无疑对全国图书馆数据库建设起到了巨大的推动作用，但三大系统资源建设各自分离的局面又阻碍了信息资源的共建共享。

（五）具有特色的商情数据库的建设较少

通过对我国三大系统图书馆的特色数据库建设情况的调查发现，公共图书馆、高校图书馆和科研院所图书馆分别以地方特色、学科特色和科研专题特色为主来建设特色数据库。图书馆所建设的商情类数据库仅占整个商情类数据库的占比较低，这和我国图书馆的文献信息中心的地位是极不相称的，也是与我国市场经济的发展不相适应的。

（六）数据库自产自用数据库产品缺乏市场开拓

大部分特色数据库仅限于馆域网或局域网使用，外网无法查阅；再者当前的特色数据库建设还处于起步阶段，缺少市场意识和市场环境，数据库产品缺乏市场开拓，注重了社会效益，严重缺乏经济效益，这样仅投资无回报，不利于数据库建设的发展。

三、我国图书馆特色数据库建设的对策

（一）加强国家宏观调控和行业协调

面对我国图书馆特色数据库建设整体上条块分割、各自为政的局面，国家要制定统一的方针政策、发展目标、发展规划、总体构想、实施方案等，打破各系统、各部门条块分割、彼此封闭的格局，对整个图书馆系统及其他有关各部门进行宏观调控，逐步建立起协调建库的管理机制。而在行业内部，宜建立一个发展协调委员会，其任务是对特色数据库的数量和质量、分布和选题、类型和规模等进行摸底、登记，把握好数据库建设的审批关、验收关、监督关，负责制定有关数据库建设的标准、规范及数据的记录格式、数据库的存储、获取、传输的一致性协议等，以确保数据库在网络运行中的兼容性、可靠性及安全性。这方面高校图书馆系统建立的 CALIS 系统无疑起到了带头作用。此外，国家应建立统一的"中国数字资源发展协调委员会"来组织协调各系统图书馆的特色数据库的建设，统一标准规范、加强知识产权纠纷的合理解决，以促进国内外图书馆之间的特色数据库建设的合作与共享。

（二）加强图书馆特色数据库建设的合作

1. 合作建库的优势

通过各系统图书馆之间、同一系统图书馆之间、不同地区及国内外的联合与合作，统筹规划，共同开发，联合共建，可以在信息、技术上互通有无、

资源共享；在人力、物力、财力上各尽所长，优势互补，联合攻关。并且通过合作，增强了社会各领域的联系，也扩展了机构与机构、人与人之间的交流，易于形成我国图书馆特色数据库建设的整体优势，建设一批有特色的专题数据库或特色数据库，对信息资源进行有效的配置和可持续开发，这样不仅可以改变以往特色数据库建设自建自用、"大而全""小而全"的格局，而且可以避免重复建库和留下空白学科，使每一学科的建设达到相当完备的程度，为资源共享创造良好的条件。

2. 合作建库的原则

如同所有的国际合作一样，图书馆的合作尤其是国际合作必须遵循平等互惠、优势互补的基本原则，也要遵循"统筹规划"的原则。这样才不会损害合作者的利益，才能使合作变得顺利。

3. 合作建库的途径与方式

合作的途径与方式多种多样，包括机构与机构之间、系统与系统之间、地区之间、国家之间都可以根据资源建设的实际情况来确定具体的合作途径，国内外所有信息部门之间都可以进行合作。具体的合作方式主要有：①文献信息的交流；②人员合作；③联合办刊；④项目合作；⑤通过技术实现特色资源共享方面合作。

4. 合作建库的运作模式

当前特色数据库建设的运作模式大体有以下三种。一是由国家投入全部资金，用户基本免费获取数字化资源。这种方式起步快、见效快，但投入大。二是商业化运作。即由公司投入资金，用户付费查阅、获取信息资源。三是政府投入与部分商业化运作相结合的模式。一方面依靠政府投入部分资金；另一方面向用户收取成本费来补充政府投入的不足。特色数据库的建设作为图书馆数字资源建设的主要内容，运作模式也主要是以上三种。

从国内外图书馆特色数据库建设的经验来看，图书馆特色数据库建设的合作建设在组织管理上呈现出四个共同特点。①由相关政府部门总体规划；②以工程立项形式具体实施；③操作过程中重视多个单位、部门的分工协作；④相关法规的制定。

实践证明，采取政府的宏观调控、主管部门统一组织、申请立项、多单位分工协作的组织管理方式有利于提高特色数据库的建设质量和速度，有利于解决数据库建设过程中分散、低质、规模小、浪费资源的现象，又可消除资源建设的学科空白，使每一个学科的建设达到相对完备的程度，更好地推动特色数据库建设的发展。各部门、各单位要根据馆藏特色、学科重点或地方经济发展的需要选择合适的建库目标，在国家统一协调下进行，有计划、有步骤地建立起具有专业特色、地方特色、类型特色、文种特色等多种类型的数据库，要加强经营管理，既要注重社会效益，同时也要注重经济效益。

5. 加强图书馆特色数据库建设的质量控制

质量控制包括前期质量控制、中期质量控制和后期质量控制。前期质量控制主要是对选题、相关软件的开发与选择过程的控制。除如何选题、如何进行相关软件的开发与选择外，还要决策科学化、民主化，并建立审查制度。决策是在进行调查研究、收集大量信息形成的数个开发项目中进行选择的过程。决策科学化就是要事先进行可行性论证，采用需求分析法、读者调查法、系统分析法、专家评估法等方法对数据库的选题等事宜进行科学化决策。审查制度的建立就是为了在开发项目和开发方案在具体实施以前应向主管领导和主管单位申请，由上级组织人员对项目可行性和开发价值进行评议，从而控制特色文献数据库的开发规模和整体质量。

中期质量控制主要是数据库建设的标准化、人力资源使用的合理化以及管理科学化。图书馆特色数据库的建设必须建立和遵循关于数字化加工、资源描述、资源组织、资源互操作和资源服务等方面的标准和规范，才能保证其可使用性、互操作性和可持续性。因此，标准与规范建设是图书馆特色数据库建设高效、经济、可持续的根本保证。

目前，我国的标准化建设毕竟还处于探索阶段，应在实践中进一步完善，以保证我国数字化工作的高质量。岗位责任制是促使数据库建设工作顺利开展、保证工作效率和质量的一项有效措施。通过岗位责任制规定各项人员工作质量要求与衡量标准，运用定量与定性双重标准进行管理，明确其有把开发工作做好的义务，规定其对开发失误的要承担的责任，通过完善工作制度来控制开发人员的行为，进而控制开发成果的质量。

后期质量控制为了保证数据库的高价值和高质量，建立监督检查制度是十分必要的。检查制度是数据库质量控制的重要的手段，在数据库质量的控制上有着十分重要的地位，通过检查可以发现存在的问题，又可以督促工作人员积极认真地工作。

数据库建设的最终目的在于利用，因此建设高质量的数据库就要注重数据库的使用情况以及用户对数据库的反馈意见，为此要加强对数据库的使用跟踪调查，调查该数据库是否能满足用户的需求、检索是否简单易用、还存在哪些问题与不足、是否需要改进、宣传力度是否足够、是否涉及知识产权问题等，跟踪调查是保证数据库良性、稳健地发展的必要条件。另外，还要加强数据库的安全管理以保证数据库的安全运行。

6. 合理解决知识产权问题

我国数据库建设正方兴未艾，然而在建设过程中涉及许多知识产权问题，特别是著作权问题。我国虽然在1998年2月成立了中国版权保护中心，但著作权集体管理组织只能是基于会员的委托，代作品著作权人行使有关权利，其进行授权许可的范围只能是著作权人已经委托的作品。为了更好地解决我国在数据库开发过程中的版权保护问题，促进数据库建设，有必要借鉴国外经验加强著作权集体管理制度在我国的进一步实施。特色数据库版权的保护是一个较为复杂的问题。国内几个大型的中文电子图书系统——中国数图公司网上图书馆、书生之家、方正阿帕比数字图书馆都有各自的版权解决方案、解决技术，但在运行过程中不仅在获得版权授权方面比较困难，而且在加密上载、水印技术、后台管理等技术的保护更是无暇顾及，根据发达国家的经验，不能很好地关注和解决迟早会使我国的著作权保护陷入尴尬的境地。另外真实、完整的版权信息对于高效、准确的授权是必需的。出版物要载明权利管理信息，但是删除、篡改、伪造版权信息、破坏技术保护措施或提供破解技术保护的服务日益增多，国际上许多新的版权立法已明确规定此为非法行为。我国在今后的数据库建设中既要加强对数据库保护技术的研究更要加强立法，对数据库的侵权行为加以严厉打击。

7. 加强对数据库产品的营销

经过几年的发展，我国图书馆的特色数据库建设在数量、规模、类型上均取得了长足发展，但总体上来说，利用率还比较低。有的因为建库时只追求数量，而忽视了质量；有的因为只注重数据库的生产和成果鉴定，仅停留在为建库而建库的基础上，忽略了如何推广和应用，至于经济效益就更不必提了。

当前数据库生产的发展趋势是投资的国际化、数据库内容的国际化以及数据库生产与联机服务的跨国经营越来越普遍。为此在数据库产品的市场开发中，有必要引入深层次营销思想，向产业化方向发展，尽可能使数据化产品的价值得到最大限度的发挥。"深层次营销"是以电子商务和网络营销为手段，以企业和顾客之间的深层次沟通、认同为目标，从过去长期单一关心人的显性需求转向同时关心人的显性需求和隐性需求并注重关心人的隐性需求的一种新型的、互动的、更人性化的营销新模式和观念。深层次营销要求顾客参与到企业的营销管理中，给顾客提供无限的关怀，与顾客建立长期的、稳定的合作关系，并通过大量的人性化的沟通工作，使自己的产品、品牌在顾客的心目中产生润物细无声的效果，使顾客对自己的品牌产生依赖感和忠诚感。

第四节 图书馆网络的管理

信息传递的网络化拓展了图书馆信息服务的内容，加速了以用户信息需求为导向、以网络信息技术为平台、以网络信息资源深层开发为基础的网络信息服务的发展。图书馆网络信息服务的科学管理问题由此成为图书馆信息服务研究的重大课题。

图书馆网络信息服务管理主要目的是通过对网络信息服务服务的提供者、使用者和网络信息服务本身的规范管理，提高图书馆网络信息服务的质量和效率，从而为用户提供更加优质的网络信息服务产品。

一、图书馆网络信息服务的类型及发展

图书馆网络信息服务是指图书馆通过计算机网络，基于数字化网络化信息资源为用户提供解决问题所需知识的智能型信息服务工作。管理思想和方法将影响图书馆网络信息服务方式与理念，同样，服务方式及理念将影响图书馆网络信息服务管理的方法与理念。因此，在研究网络信息服务管理之前，有必要先对网络信息服务的类型及其发展趋向进行分析，进而为网络信息服务管理模式分析、归纳提供帮助。

（一）图书馆网络信息服务的类型

图书馆网络信息服务方式从不同角度有不同的划分。按服务的模式分有

主动服务、被动服务、交互式服务、自助服务等；按服务的内容分有 Web 页面服务、参考咨询服务等；按服务的受众划分可分一对多、多对一和多对多服务等。这里主要从内容这个角度分析图书馆网络信息服务的两大类型，以明晰其发展趋势。

1.Web 服务

Web 服务是目前图书馆网络信息服务的一个主要的存在形式，信息资源存储在 Web 站点上，主动或被动地提供给用户，满足用户的网络信息需求。

（1）面向内容的 Web 页面服务

这是图书馆为用户提供的最原始的、相对直接的网络信息服务。在此阶段的服务方式中，图书馆网络信息服务的重点放在网络信息资源建设上，也就是说，此种服务的主要目的是把各种信息资源数字化、网络化，使用户能够以网站为平台，通过浏览、查询、检索等方式获取网络上已经预置好的各种网络信息资源及服务。在此服务方式中，网络信息服务只是图书馆实体（或者说是传统的）信息服务业务在网络上的延伸，并没有发生本质的变化，面向内容的 Web 页面服务仍是一种被动的、一对多的服务方式。

随着图书馆各种数字资源和服务方式的增多，各种数据资源和服务挂在页面上，没有构成一个相互联系、相互支持的有机整体，使整个图书馆网络信息服务处于一种被动的、无序的状态，而这种被动的、无差别的服务方式不利于用户获取个性化信息。为了解决这种状况，出现了按需的 web 服务方式。

（2）面向需求的 Web 个性化服务

在图书馆面向内容 Web 页面服务方式中，更多的是向用户群体提供标准化服务，较少注意到个性化、差异化的服务。随着网络技术和通信技术的迅速发展，网络上的服务越来越多，在管理和利用上处于一种无序状态，增加了网络信息服务管理和用户获取信息的难度。用户对 Web 服务的要求越来越多样化，有效组织好现有的网络资源、提供用户满意服务就成为图书馆发展必须解决的问题。按需的 Web 服务方式的出现为这些问题的解决提供了一种新的思路。

为提高网络信息服务的准确性，更好地满足用户不断增强的个性化需求，图书馆网络信息服务方式逐步过渡到面向用户对象的差异性和个性化服务，更加重视人的价值和人的服务，特别是有针对性地为用户提供个性化的服务。个性化服务指专门针对个体用户需求开展的针对性服务。具体地说，就是利用智能代理和信息推送技术，通过用户对信息资源、界面、检索方式和检索结果的定制，了解和发现用户的兴趣，主动从网站上定制信息，经筛选、分类、排序，按用户的特定需求，通过用户定制的网页或邮件系统，主动推送给用户的现代信息服务。个性化信息服务是适应图书馆网络信息服务用户多样化需求的重要手段，是对应复杂图书馆网络信息服务资源与支持系统的有效途径，是用户组织数字化信息资源的理想方法。个性化信息服务通过为用户提供友好的交互界面，使用户可以按照自己的目标和需求，设定自己的信息来源、表现形式、网络功能、服务方式，并通过智能检索与推拉服务，达到提高服务效率的目的，也使图书馆网络信息服务实现了用户参与的信息资源选择与评价功能，使用户参与到网络信息服务管理中来。

按需的Web服务是一种主动的一对一、多对一的服务方式，在按需的Web服务方式下，各种服务在网络（图书馆网站）上发布以后，可以根据不同的用户需求进行组合，形成新的服务，从而使网络信息服务更加智能化和个性化。

2. 虚拟参考咨询服务

Web服务的主要目的是通过一个资源平台（网站）向用户提供信息资源，满足用户的信息查询需求，而虚拟参考咨询的目的是满足用户的咨询需求，这是图书馆网络信息服务的另一种重要的形式。

虚拟参考咨询服务按照不同的划分方法有不同类型。如按参考知识库的范围可以分为独立式参考咨询系统和协作式参考咨询系统；按照系统的处理程序，可以分为自助式专家系统和专家回答式的人工系统等。我们一般按照交互的时间来划分，分为"同步服务"和"异步服务"。

（1）异步参考咨询

异步参考咨询又称非实时网上参考咨询服务，主要采用电子邮件、BBS系统、留言板等方式或几种方式相结合实现网上的参考咨询服务，此类方式为目前图书馆网络信息服务中用得较多的一种模式。如上海图书馆的合作化参考咨询服务就是采用电子表格和电子邮件相结合的方式，用户碰到问题可直接给选定的咨询员填写电子表格，经系统转换后以电子邮件的方式转送给专家，专家将被允许在一周内以电子邮件的方式回答用户的提问。

（2）实时参考咨询

由于异步参考咨询采用问题提交的方式不能满足用户对获得问题解答的实时、互动的需求，为了解决异步参考咨询的不足，真正实现网络信息服务的快速性，进而出现了实时参考咨询。

实时参考咨询是采用实时软件技术，如聊天工具、同步浏览页面的咨询系统等，服务人员在网上实时地、"面对面"地解答用户提问，它能更好地、实时地满足用户的需求。目前的国内 TPI 系列软件平台就提供了虚拟参考咨询和个性化定制服务，前者能实现在线的实时交流，但根据试用结果，还缺少相应的支持专家数据库，并不完善。

（二）图书馆网络信息服务的发展对服务管理的影响

对图书馆网络信息服务类型及发展趋向的研究是为了让网络信息服务管理符合服务发展的规律，进而推动服务的发展。

当前图书馆网络信息服务无论从内容、形式，还是服务手段上，都随着网络技术和通信技术的迅速发展而逐渐成熟，而且在应用广度和深度方面都有突破，较之从前发生了深刻的变化，特别是近年来呈现出以下发展趋势：从内容单一的服务转向综合性服务模式；从以 Web 服务为主转向多种形式网络信息服务并重；从单项分散服务转向系统化信息保证方向发展。

图书馆网络信息服务从简单的信息发布、信息共享逐渐演变成智能的多功能服务，由内容主导型向服务主导型转变，由被动接受到主动出击，其目的都是更好、更快地为用户提供深层次的、人性化的信息服务，更充分地利用网络信息资源。因此，对网络信息服务的管理的重点也应该体现网络信息服务的趋向与精神：①网络信息服务由被动向主动转化，要求管理不再是因管理而管理，而要转变成基于用户的管理，加强与用户的沟通与联系，让用户参与到服务与管理的过程中来；②由简单服务向智能服务转变，反映了用户对服务速度和质量的要求，因此，管理过程中要建立最佳工作流程，进行质量监控；③服务的个性化，要求网络信息服务人员要有团队精神，加强相互之间的合作，以满足不同用户的个性要求。

以上这些要求在管理中的集中体现就是要以用户为目标，以适应用户按需服务的要求建立管理模式，并在管理评价中以用户为中心。

二、图书馆网络信息服务管理的内容

图书馆网络信息服务管理涉及的角色不同，出发点的侧重点不同，那么服务管理对象也就是其所包含的内容也不尽相同。

从用户的角度出发，图书馆网络信息服务管理的内容包括网络信息服务定制、服务检索、服务部署、服务支持；从网络信息服务提供者的角度出发，图书馆网络信息服务管理涉及从服务设计、创建开始到服务的测试、发布、重组、集成、支持以及服务的二次开发、功能调整和最终注销的整个过程；从服务管理者的角度出发，图书馆网络信息服务管理包括服务注册、用户注册、服务提供者注册、结算中心、安全控制、质量控制和服务导航以及综合集成等。

而从其过程看，图书馆网络信息服务是一个包括网络信息资源采集、组织和传播、检索、建设以及统计分析和评价的一个综合过程。下面对网络信息服务管理研究从网络信息服务的组成要素及其过程等几个方面来进行论述，分析网络信息服务管理的各要素，为图书馆网络信息管理模式的建立提供基础。

（一）图书馆网络信息服务的资源管理

资源包括支撑图书馆网络信息服务的网络资源、系统平台、门户网站及相关的设备等，对这些资源的管理是图书馆进行网络信息服务的基础，也是服务管理的一个重要因素，是网络信息服务产品品质的保证。在资源管理中，因为对系统平台及设备等资源的管理，如系统维护、网站更新、设备维护等更多的是一种日常的、技术管理。在此主要论述图书馆网络信息资源的管理。

1.图书馆网络信息资源的构建与深层次开发

（1）图书馆网络信息资源的构建

任何信息都是为了满足特定用户的某一需求而产生的。图书馆网络信息服务的目的是使网络信息资源从记录状态转变为用户接受状态，满足用户对某一信息的特定需求。

图书馆购买的数字资源和应用系统的增多，一方面意味着用户对信息需求的满足程度将得到提高，另一方面也意味着用户利用其信息资源的难度增大，硬件资源割裂所造成的浪费也增大。因此，如何合理地、有效地、动态地配置各种基础设施资源，对网络信息资源进行科学组织与管理就成了图书馆网络信息服务管理的一个关键点。

信息构建是通过合理地组织、标识信息并构建信息环境，以改善信息浏览及信息检索的过程与效果的科学和艺术。图书馆对网络信息资源构建的目的是合理组织现有网络信息资源，把复杂的信息变得明晰，方便用户对网络信息资源的自由存取，为图书馆个性化网络信息服务提供基础。图书馆网络信息资源构建包括两层：一是网络信息资源计划，此项管理内容应纳入图书馆资源计划，属于图书馆全面管理的内容；二是在一个标准体系下图书馆对网络信息资源进行整合，这是将讨论的层面。

一个图书馆在一定时期所拥资源是有限的，图书馆为实现图书馆整体战略目标必然要对现有资源进行整合，也就是依据一定的需要，对各个相对独立的数字资源系统中的数据对象、功能结构及其互动关系进行融合、类聚和重组，重新结合为一个新的有机整体，形成一个效能更好、效率更高的新的数字资源体。其目的就是为了满足用户的个性化需求，提高查全率和查准率，将有限的资源有侧重点地利用在有助于战略目标实现的领域，凸显竞争优势，实现网络信息资源价值增值。从管理的角度来看，图书馆网络信息服务下的资源整合又分两种。①内部资源的管理：也叫本地资源管理，主要是通过信息门户体系（也就是图书馆网站），根据特定用户需要对分布在本地的相关信息资源与服务（包括网络资源、数据库、数字文献、目录与馆藏、文献传递、参考咨询、数据分析等）进行整合。②外部资源的管理：即在资源整合过程中，通过数据链接把合作图书馆和其他机构所能提供的服务与资源添加到本图书馆网站中来并进行管理，以此来弥补本地资源的不足。

按照网络信息服务发展的方向，网络信息资源构建过程中要加强与其他信息服务机构的合作，以满足用户个性化主动推送服务为目的，以用户为中心，对网络资源进行构建。

（2）图书馆网络信息资源的深层次开发：图书馆网络信息资源开发是指通过一定的技术手段，将储藏于网络信息源中的信息由不可得状态转变为可得状态，由可得状态转变为可用状态，由低可用状态转变为高可用状态。

在前面所说的网络信息资源的整合事实上也是一个开发的过程，它是把网络信息资源由不可得状态转变为可得状态并提高网络信息资源的可获得性。要把网络信息资源由可得状态转变为可用状态、由低可用状态转变为高可用状态，要对网络信息资源进行深层次开发，增加信息的附加值，这也是为了更好地满足用户对信息需求的价值取向。

图书馆网络信息资源挖掘的深层次开发主要有两个途径：一是将网络上的信息源下载，包括国内外数据库、电子期刊及相关网站对本校师生有特定需求的网上信息资源，进行自动辨别、跟踪，经过加工整理，建立特色数据库或以文本形式储存和提供利用；二是建立网络信息资源指引库，即将因特网上与某一或某些主题相关的节点进行集中，按方便用户检索的原则，采用用户熟悉的语言组织起来，向用户提供这些信息的分布的情况，指引用户查找和获取所需的信息。

对网络信息资源的深层次开发可以使图书馆网络资源构成一个"网络信息链"，使网络信息组织程度大大提高，有助于用户正确了解和把握图书馆网络信息资源，高效而充分地利用网络信息资源。

2. 图书馆网络信息资源质量管理与标准化管理

图书馆网络资源建设的最终目的是要生产出优质的网络信息服务产品，保持良好的应用前景。网络信息服务产品具有高投入、高成本的特点，如果在网络信息服务产品的设计和规划阶段出现失误将会带来巨大的经济损失，导致用户的不满与丢失。因此，在信息服务产品设计与规划阶段中注入质量意识，实行严格的量化控制，减少各种因素带来的偏差，合理界定质量水平和成本大小，在产品质量和价格上充分满足用户的要求，才能稳定并拓展用户市场。而且对网络信息资源进行质量管理，不但能为图书馆网络信息服务质量的提高打下良好的基础，还可以使有限的资源投入获得最大的社会效益和经济效益。

网络信息存在状态多样化的特性要求我们必须规定信息揭示的统一标准和获取、使用信息的具体规则，以保证所有的网络信息资源都可以得到充分利用，以便实现不同图书馆网络信息资源之间的互联与交流；在网络信息组织方面实现分类体系的统一以便于畅通的数据互换；在联机联合编目方面实现目录的标准化以便用户以统一的检索途径获取信息等。实现数据的标准化与统一性是网络信息资源共享的前提条件，所以，对网络信息资源管理实施标准化控制是很有必要的，同时也保证每一个用户的信息需求都可以得到满足。

标准化管理是图书馆网络信息资源的有序化组织与管理的一个重要组成部分，为网络信息资源的可获得提供保障。图书馆网络信息资源标准化管理体系所涉及的内容众多而复杂，主要涉及四个主要领域：①文献信息资源的数字化、网络化建设标准管理；②网络信息资源导航服务标准管理；③网络信息资源共享标准管理；④网络信息资源存储标准管理。

3.图书馆网络信息资源安全管理

我们在为用户提供网络信息服务的时候，相应的安全问题也应该引起我们的重视。信息安全有技术方面的因素，也有管理方面的问题。技术方面主要侧重于防范外部非法用户的攻击，管理方面侧重于内部人为因素的管理。图书馆网络信息安全管理主要包括以下方面。

（1）杜绝信息污染

信息污染是指无用信息、劣质信息或有害信息渗透到信息资源中，对网络信息资源的收集、开发和利用造成干扰，甚至对用户产生危害。要防止信息污染，图书馆网络信息服务提供者要根据一定的标准和利用一定的工具从动态的网络信息流中选取或剔除相关信息，对网络信息进行过滤，它有助于减轻用户的认知压力，提高获取信息的效率，可以减少不必要的信息传递，使网络更加顺畅，防止垃圾信息，使用户不受不良信息侵扰。

（2）防止信息泄密

授权用户泄露保密信息给非授权用户、非授权用户或外部人员通过不合理或非法手段窃取个信息。网络信息泄密是网络中的信息在存储、传播、使用或获取的时候被其他人非法取得的过程。随着有偿数字服务的开展，盗窃数据行为的可能性和危险性也在不断增加，任何有价值的东西都有可能被盗，从数据、光盘数据库到科研数据和敏感的统计报告等。

（3）防范信息破坏

防范恶意制造和传播程序破坏计算机内所存储的信息和程序甚至破坏计算机硬件。内部管理内容有操作不当引起对信息的破坏，还有对网络信息安全威胁较大的恶意程序，主要有计算机病毒、计算机蠕虫、特洛伊木马和邮件炸弹等。

（4）规范信息使用，以免侵权

网络信息的发展和应用导致了信息内容的扩展、信息载体的变化、信息传递方式的增加，这就扩大了知识产权保护的范围，诸如计算机软件侵权、数据库产品侵权、网上信息侵权等。图书馆要保护网络信息资源的知识产权，处理好合理使用与保护的关系。

4. 图书馆网络信息服务的人员管理

图书馆网络信息服务的人员管理包括网络用户关系管理、对合作者的管理及对网络信息服务人员的管理，这是图书馆网络信息服务管理的主体。

（1）图书馆网络用户关系管理

这里说的网络用户是指一般意义上的外部用户。网络用户关系管理是通过相关的管理技术和方法对网络用户进行系统化研究，识别有价值用户，对用户进行沟通和教育培训工作，从而改进服务，提高用户对图书馆网络资源的重复利用率，为用户创造价值，进而提高用户的满意度。而且通过用户关系管理的各种工具，可发掘用户信息，为主动个性化服务提供依据，为图书馆实现按需网络信息服务提供基础。

事实上，在一个信息资源爆炸的世界里，图书馆依赖原始数据量的优势作为核心竞争力已经变得越来越没有意义。因为原始数据的获得已不那么困难，真正使人们感到困难的是对原始数据的加工。进行筛选、浓缩加工成对用户需求最有价值的东西。用户最需要的是有效地选择与加工能力，而要能做好这件事情最重要的资本是对用户业务需求充分地理解。

网络化使现代图书馆的用户界限越来越模糊，用户群越来越庞大，图书馆网络信息服务不能像公众网站一样面向所有用户，它必须改变以往的粗放和无差别的被动式服务传统，要采取集中性、分层次、密集型的重点服务策略，这种策略可以集中地了解和满足特定的细分网络用户的需要，实现针对性的服务。

图书馆网络信息服务在立足于面向普通用户、基础用户提供基本的网络信息资源提供保障的基础上，把网上服务的重点放在自己的核心用户群上，即从多元化和多层次的用户群中选择确定具有辐射和影响力的核心用户，建立起与本馆网络信息服务能力相匹配、适应并能促使用户感知价值同步提高的核心用户群，如高校的著名教授、学科带头人、研究生、课题小组、科技创新小组等个体或团体用户。目前通过互联网的信息服务主要面向单个终端用户的，以一个内部网作为用户的信息内容需求模式正在增加。

核心用户策略的关键是核心用户的选择及服务内容、服务领域的确定，这要进行充分的调查论证：用户对图书馆网络信息服务必须有极高的需求热情；确定的核心用户必须符合本馆网络信息服务的宗旨，有助于图书馆网络信息服务的可持续发展；本馆的网络信息服务能力与用户的需求相匹配等。

（2）对合作者的管理

未来的图书馆网络信息服务应该走联合发展之路，供应商、合作伙伴作为图书馆价值链的一部分也是关系管理的一个重视的问题。图书馆通过与服务提供商、资源供应商、技术供应商及其他图书馆网络信息服务部门进行全面合作，可以利用单位力量更加容易实现自己的目标，提高自身能力。

图书馆与图书馆之间不仅联合议价，联合购买使用权，而且可能对网络信息资源进行联合著录控制、联合使用管理、联合永久保存等。在为用户提供网络信息服务的过程中，为了扩大资源，我们经常要与其他图书馆进行合作，主要体现在两个方面：一个是通过链接对方资源，资源内合（通过电子链接把外部的某个图书馆能提供的服务增加到本图书馆的网站来）和直接从数据供应商处通过 E-mail 等进行原文传递等方式弥补本地资源的不足；另一个方面就是在虚拟参考咨询的过程中相互之间的合作。因此，在对合作伙伴的管理也将从这两方面进行。一是对链接的管理，在链接对方的资源的时候，由于各种原因会可能产生的死链接，这可以通过专门的工具软件来实现；二是关系管理，通过加强与合作者的实时交流，共享用户和专家数据库，为用户提供更好的参考咨询服务。

图书馆不仅与传统的图书情报机构之间存在着合作协调关系，而且与其他网络信息生产与网络信息消费之间的桥梁性机构（如商业性信息服务机构、数据库生产商、信息服务系统集成商等）将可能产生合作或竞争的关系。今后商业出版网络信息服务将是图书馆得力的合作伙伴，合作的方式也将由传统的单一购买变成购买、租用、合作建设数据库、合作出版等多种方式。传统的图书情报机构相互间合作也将进一步强化，它们从传统的协调采购、合作馆藏发展到现在的共同筹集资金，统一规划网络信息资源建设，使共同体内各个成员馆的网络信息资源形成相互依存的资源整体。

供应商为图书馆网络信息服务提供了技术和资源基础,加强与供应商的合作能提高网络信息资源供应的效率,降低成本。图书馆网络信息服务只有积极主动谋求与供应商、合作者、用户的互联,将图书馆与用户、合作者、供应商联成一个完整的链状结构,形成一个极具竞争力的战略联盟链,才能适应用户的信息需求。联盟链的所有成员应尽可能消除图书馆界限,实现网络信息的共享与集成,以顾客化的需求引导图书馆网络信息服务活动,获得柔性敏捷的服务响应能力,实现从"我赢"到"双赢",直到"多赢"的转变,赢得生存与发展的空间。

(3)图书馆网络信息服务人员的管理

严格来说,服务人员的管理可以归到用户管理中去。因为用户包括内部用户与外部用户,服务人员即是网络信息服务的提供者,也是网络信息服务过程的用户。但我们还是习惯地把服务人员的管理单独列出来进行论述。

作为知识型机构的图书馆网络信息服务的人力资源管理,要运用有效的知识资本、智力资本管理手段,通过开发图书馆网络信息服务的团队成员和管理人员的显性和隐性知识资本,发展图书馆网络信息服务各个管理人员和动态知识服务团队的知识管理和服务智能,利用快速、新型的学习方式提高团队成员和管理人员的各种能力,鼓励团队成员和管理人员进行管理知识共享,形成开放式的团队成员和管理人员的轮换和流动机制,让团队成员和管理人员在实践和经验学习中获取知识,提高服务水平。

图书馆网络信息服务的人力资源管理必须正确把握管理人员、服务人员的角色分工与技能互补问题。图书馆网络信息服务的管理者尤其是团队领导应为团队成员提供及时的时间支持、经济支持、选择支持和管理支持等。图书馆网络信息服务的所有成员都要具有强烈的事业感和成就感,要在图书馆网络信息服务组织中建立一种基于协作和参与的、针对知识工作者的个性特色和群体特色的激励机制。在图书馆网络信息服务管理活动中尤其要运用积极方式对把握风险、有效协作、相互支持的团队活动给予充分激励,要密切联系动态知识服务团队成员在管理工作和管理行为上的高智力、高技术等特质。

复杂的服务对象和海量的数据内容要求网络信息服务组织的结构要更容易让服务人员进行各种合作,面向用户建立网络信息服务团队,这样才能适应这种复杂的局面。基于"对话"的"交互式"管理也就成为增强知识管理和服务的组织保证之一。一方面，要发挥动态知识服务团队中主题专家的个人创造力和相互协作性，为各种新颖的知识管理和服务成果的取得提供方便快捷的思想交互方式；另一方面，要利用良好的"对话"氛围，进行专家与专家、专家与用户之间的管理协商，对动态知识服务团队管理环境进行优化，对知识管理成果进行确认，使服务人员在一个良好的环境中工作。

（4）图书馆网络信息服务组织机构管理

任何管理都要以一定的组织机构来实施，组织机构的管理是图书馆网络信息服务管理得以顺利实施的保证。一个组织结构是以明确区分开来的职责为基础的，责、权、利须一体化。职责只有在进行权限的相应委派之后才能确定下来，不能委派没有权限的职责。职责和权限是统一的，职责包括职位（职务）和责任这两方面。

只有职位而不能担负起责任或者只要求履行责任而不给其明确和相应的职位都是不对的。至于"利"当然是指利益，这里包括物质利益（报酬）以及各种优先和方便，不仅是个人的利益，还包括他负责的那个集体的利益。贯彻责、权、利三位一体的原则能调动人们的积极性，保证组织结构的正常运行，取得最大效益。

为了充分适应现代组织管理环境，很多网络信息服务组织采用多模式组织的管理模式。其中，第一种组织形态主要以职能为中心，类似于一般标准结构的、稳定的基础组织单元即岗位管理，主要运用于一般性日常管理活动中，为动态知识服务团队提供管理支撑；第二种组织形态以任务为中心，是一种可及时变动，多任务、多功能的动态的知识服务团队，其成员来自第一种组织形态中或图书馆网络信息服务机构的外部，主要运用于关键性或集团性管理任务的运作，根据图书馆网络信息服务的需要重组机构。

制度管理也是机构管理的一部分。广义的网络信息服务的制度管理涉及网络安全、网络信息安全、资源版权的处理、文献传递规则、服务处理、解决问题责任等；狭义的管理制度即网络信息服务的内部操作规程，它包括组织的各种章程、条例、守则、规程、程序、标准等，制度管理就是指根据这些成文的规章制度，依靠组织职权进行的程式化管理。

网络信息服务的制度管理要以现有的法规为指导原则，并对业务细则进行规定：信息服务人员的设置方案、培训制度、工作流程、工作规范、服务承诺制、考评制度、服务评价、案例库建设规范、用户库建设规范、安全条例等。

5. 图书馆网络信息服务过程管理

服务过程的管理是对图书馆网络信息服务过程进行全程控制，以保证用户能顺利获取自己所要的网络信息服务产品，是服务得以顺利进行的保证。服务的过程管理包括服务前的用户需求分析、对硬件通信上的安全管理，使网络信息服务的通道顺畅，避免造成不必要的网络堵塞；服务过程中从用户端保证其与馆员之间的交流能够顺利进行；服务后的评估与跟踪服务管理等。对服务的过程管理是让服务人员与用户交流并为用户营造一个良好的环境而做的努力以及网络下对网络信息服务的一些延伸，如电话回访、网下面对面地交流等。在网络信息服务中，网络信息服务人员（馆员）的服务过程是一个不完全信息的动态博弈过程。服务人员怎么服务会影响到用户（群）如何获得和利用信息；反之，用户（群）如何获得、利用信息同样影响到信息服务的范围、设施、方式等，这是一个服务与被服务、管理与被管理的互动过程。我们应特别强调馆员在信息服务过程中的主导与导向性，还有交互性，即服务人员与对象的相互交流。

在网络信息服务过程中也要进行全面质量管理，以提高网络信息服务自身的品质。网络信息服务机构只有以用户的质量需求为驱动，提供优质高效、令用户信赖的服务，才能吸引用户，在激烈的竞争中获得成功。质量方针是网络信息服务机构总的质量宗旨和质量方向，它说明网络信息服务机构在确立质量方面所追求的目标以及为达到这个目标所遵循的方向和途径；质量文化是一种崇尚质量、追求卓越、尊重社会和用户的意识、道德和行为，培育质量文化就是要通过更加尊重人、激励人、教育人等手段来提高机构内全体成员的质量意识和综合素质，使质量不断提高。全体网络信息服务人员应确立共同的信息和价值观，自觉接受准则的规范和约束。依照质量价值观的指导进行自我调节、管理和控制，从而使机构的整体素质得到提升。

图书馆的宗旨是"读者第一，服务至上"，在网络信息服务过程管理中更需要遵循"用户至上"的原则，这不仅是对图书馆网络信息服务质量的评价，更是对服务工作的一种激励，一种目标追求。随着信息环境的网络化数字化，用户信息需求特点发生极大的变化，用户对信息商品和服务的要求越来越"苛刻"，呈现出多样化和个性化的要求。图书馆在网络信息服务过程中只有遵循"用户至上"，为用户创造价值，让"用户完全满意"才能赢得用户。

三、图书馆网络信息服务管理模式

网络信息服务及管理在图书馆一般由某个部门来承担，通常如信息服务部等。图书馆网络信息服务管理是图书馆整体管理的一个部分，但具体情况具体分析的辩证法则告诉我们，网络信息服务管理因自己的特性而决定其管理上的一些特点，那就是在管理的过程中要体现满足用户的个性化需求的要求。

（一）网络信息服务的线性管理

1. 网络信息服务的线性管理模式

图书馆网络信息服务的线性管理就是根据图书馆网络信息服务工作性质划分成若干线条，按每条线的工作流程进行管理。

以流程为线把图书馆网络信息服务各相关的要素连接起来，进而形成一种线性流程，相对应的管理方式我们称之为服务的线性管理模式，也称链式管理。图书馆网络信息服务线性管理是为了满足服务流程和服务发展的需要，适应网络信息服务的线性流程而产生的。它是以流程为中心，以用户为导向的，通过提高网络信息服务效率，减少不必要的环节，进而降低服务成本（时间和人力等）。网络信息服务类型的多样性在一定程度上决定了流程的多线性，因此在线性管理中要重视并控制，充分发挥团队的优势。

图书馆网络信息服务线性管理模式，把涉及服务过程中的信息供应商、合作者、服务人员、用户都纳入管理中来，图书馆网络信息服务的线性管理包括如下方面。

（1）服务的供应源管理

即分析在整个网络信息服务体系里的供应源并对其进行管理。网络信息服务的供应源是产品生产商（如数据库提供商）的集合，包括网络信息生产资料提供商、网络信息产品提供商等。图书馆网络信息服务供应源的管理就是对网络信息资源共享的实现、网络信息产品提供的建立和拓展、用户需求的实时调查方面积极寻找战略合作伙伴。

（2）服务的需求源管理

分析需求源不仅包括最终信息产品的消费者，还包括中间产品的需求者，即流程的下一个环节的需求。需求源要求网络信息服务个性化、及时性、准确性，要求与供应源之间有互动。

（3）服务的供求通道管理

供应源与需求源通过供求通道实现网络信息服务产品的供求。供求通道的建立解决了供求双方的问题，能够降低其交易成本并且在全国范围内网络信息服务业协同一体化得到体现。网络信息服务提供者之间、网络信息服务提供者与平台之间通过一种协商机制谋求双赢目标。网络信息服务平台管理强调图书馆信息服务提供者巩固和发展自己的核心竞争力和核心业务，与其他提供商建立战略合作关系。利用自己的资源优势，通过业务流程的快速重组，创造出比竞争对手更擅长的、高附加值关键业务，体现图书馆核心竞争力的价值。

2. 线性管理的形式

线性管理也就是链式管理，有两种表现形式：一种是开链式，一种是闭链式。

在开链管理模式中，整个管理过程按预定的业务流程进行，各构成要素之间缺少互动循环，用户虽然被纳入管理的体系中来，但在管理过程中与管理者、服务人员没有交流互动，对图书馆实现按需的网络信息服务并没有直接的影响，不能满足网络信息服务的按需发展的特点，不利于用户价值的实现。

在闭链式管理模式中，网络信息服务人员提供服务后，用户消化服务产品，产生新的信息（新的信息资源和反馈信息），返回给服务提供者，使网络信息服务处于一个良性循环中。在此管理模式中，用户对网络信息服务的管理也产生影响，但这种影响主要是一种管理决策上的影响，也不参与具体的管理过程。在这种闭链式管理模式中，由于用户与服务人员之间存在互相影响的关系，所以有利于图书馆提供按需的个性化服务。

（二）管理对象的网状管理模式

线性管理方式有先天存在的缺憾，就是如果在流程的某一环管理不当，将影响整个流程的顺利运行。在线性管理中，供应商和合作者、用户，虽然说都被纳入管理中来，其本身并不参与管理，没有与图书馆信息服务内部管理产生一种互动的管理模式，相互之间联系也不是很紧密，是一种被动的管理。

在线性管理中，根据不同任务而形成不同团队及流程，而网状管理模式就是把整个组织看作一个相互联系、相互制约的网络结构，用户及供应商、合作者都是网络信息服务管理机构的一部分，由用户、供应商、合作者参与创造的知识和意见就变成了图书馆和用户、供应商、合作者所共有的财富。

网状管理是在前面所讲的点、线管理的基础上形成的，这是网络信息服务发展的要求。图书馆网络信息服务的一个新的方式就是协作咨询服务，由于信息需求和信息资源的多样性，要靠单个图书馆或个别咨询机构来做好信息咨询很困难，因此，各图书馆网络信息服务部门必须团结协作，遵循协作的整体发展计划和规则，按照标准化、规范化要求，利用新工具、新技术、新方式建立分布式协作网络咨询服务系统及管理。在分布式协作咨询的环境中，各成员节点感知其他成员节点的情况，各节点具有自己的问答系统和问答知识库，通过互联网进行成员间咨询合作。这种分布式计算机技术协同工作系统为图书馆网络信息服务协作咨询创造了很好的环境。

网状管理还可以加强网络信息服务的内部管理。现代网络信息服务机构内部及外部的管理和服务联系已不单单是传统的等级的、线性的、纵向为主的关系，而是形成了一幅极其复杂同时也是脉络清晰的管理"蛛网"。在管理和服务联系上，"蛛网"管理突破了稳定结构的界限，组织结构点与点的关联在技术上得到组织信息基础结构的支撑，形成了特定管理和服务的"超级链点"的"Web式组织形态"。这种知识联盟可以提高图书馆网络信息服务部门的学习和创新能力，可以将组织要素组合成动态的多任务的知识服务团队，可以扩展并形成新的知识产品和服务联盟。

网状管理还是为了加强网络信息服务外部管理的需要。理解用户需求的有效方法就是建立与用户的互动体系，在用户方和服务提供者之间提供了一个面向服务的管理接口，使用户也可参与自己在提供者一方相关服务的管理工作，并及时监视服务的执行情况，获取必要的信息。

1. 以资源为中心的管理模式

这是网络信息服务发展初期的一种管理模式，在对网络信息服务的管理中，一切以资源为中心。

2. 以项目为点的网状管理

该模式摆脱了传统图书馆网络信息服务结构化部门的禁锢，不受传统的垂直管理体制的约束，以项目为中心组建一个个临时的、可灵活变动的项目小组，即以承担的项目为分工，以特定任务为导向，随时灵活组织工作队伍，或兼职或专职。小组中的每个成员可以承担多个项目，构成蛛网状的工作关系，根据项目任务中心的转移和更替进行服务小组成员的实时重组和调配。这种组织结构能使各项目组的人员通过工作对比，发现自己业务的不足，主动提高自身素质，进而提高图书馆网络信息工作质量。这种组织结构打破了传统管理模式工作人员只关心本人的工作而忽视图书馆网络信息服务整体功能的弊端，所有网络信息服务人员都为图书馆网络信息服务的总体目标奋斗，每个人在多个项目中扮演不同的角色，承担不同的任务，不容易管理。实际上，正是这样，才发挥了每个人的最大潜能，每个人的知识得到最大限度的利用，确保各学科专业人员的专业知识得以充分发挥。服务人员之间也得到最广泛的信息沟通和交流，解决个人知识的有限性与服务需求的多样性之间的矛盾，从而使项目的完成最有效，图书馆的网络信息服务整体功能得到最好的体现。各成员工作的业务范围相互重叠，每个人对整个项目任务承担更多的责任，而不仅限于他们自己的那一小部分，由此产生较宽广的思路，有助于刺激创新。

（三）理想的管理模式——环境管理模式

在图书馆网络信息服务管理中，采用环境管理模式的目的是还原网络信息服务管理的现实本质。网络信息服务管理是社会大系统中的一个小的组成部分，把整个网络信息服务及过程可以看作是一个环境，或者说是一个场，是一个与外界发生各种关系的有机整体。因此，在管理中，我们可以模仿自然界的生态环境，把网络信息服务的各要素看作是维系一个"生态"环境平衡的重要组成部分，组织内部之间、服务人员与用户之间、服务人员与网络信息资源、用户与网络信息资源构成一个共同参与、互相交流、互相了解、共同合作、共同体验、以交流为主体的空间，这个空间可以是物理的（办公室）、虚拟的（虚拟空间交往），也可以是精神的（如共享的经验、思想）。这样可以实现图书馆网络信息服务组织机构的自我进化，不断地自适应外界对内部的压力，在系统内部形成一个动态的平衡。

在此阶段管理中，重视的是组织成员的自我管理与民主。这种管理模式能为网络信息服务各要素营造一个具有自我管理、创新、发展机能的生态环境，使整个图书馆网络信息服务管理系统实现一种自我进化，不断适应不断变化中的图书馆环境及其他外界环境变化的要求，体现图书馆网络信息服务管理和谐发展的目的。

四、图书馆网络系统安全管理

（一）图书馆自动化系统安全管理

1.图书馆自动化系统管理安全目标

自动化系统实施安全目标管理就是以系统的整体运行安全为目标，根据涉及的不同岗位、职责范围，细化安全目标，形成一个联系紧密、方向一致、共同为系统的高效率、安全无故障目标努力的组织管理方法。图书馆自动化系统的建设与安全管理往往涉及多方面因素，包括硬件配置、软件设计、机房布局、线路铺设、技术水平、管理制度等。树立安全目标，强调安全运行，实质上要求对上述多种因素进行安全目标分解，促进自动化系统的综合建设。因此，确立图书馆自动系统的安全目标，明确安全目标的内容、含义以及与图书馆工作的密切联系，必然有助于加强图书馆管理者和自动化技术人员的安全意识，重视自动化系统的综合管理。

（1）正常运行目标

图书馆自动化系统一旦建立，必须绝对保证系统运行正常，这是图书馆的社会职能所决定，应当成为自动化系统建设与管理的首要目标。当图书馆采用计算机进行采购、分类、编目、建立数据库等项业务基础工作时，计算机运行的正常与否会带来对图书加工速度的影响。经常的停机、死机、发生故障必然会延长新书与读者见面的时间，影响数据库制作的速度和效率。当自动化集成管理系统建立后，流通、检索、查询子系统分别开通，面向读者开放使用，自动化系统的正常运行就更为必要与迫切起来。某一个子系统、某一台主机或终端、某一个技术环节发生故障都可能引起运行中断甚至整个系统瘫痪。倘若系统经常出现故障，经常维修或关闭系统，将读者拒之门外，必然会引起读者不满，影响图书馆的信誉和社会形象。

树立图书馆自动化系统正常运行目标，首先要树立图书馆的读者服务观点，自觉地将保证系统正常运行视为争取广大读者、履行图书馆社会职能的首要职责。对于自动化技术人员来说，较少与用户见面，容易忽略停机或关闭系统给图书馆带来的危害。尤其是一些刚跨入图书馆、对图书馆的工作尚不熟悉的技术人员，一遇故障就停机的现象并不少见。因此，树立正常运行的责任目标，强调防患于未然之中，减少事故发生率，保证自动化系统正常安全运行，有利于增强自动化技术人员的工作责任心，促使他们全心全意地搞好自动化系统中的硬件维护、软件应用及指导、系统的监控管理工作。

保证图书馆自动化系统的正常运行，要求图书馆管理者抓好自动化系统的综合管理，包括硬件、软件、人员、制度等方面，以实现安全正常运行无故障为目标，调动各方面的积极性，杜绝事故出现。硬件建设人员应当注意设备的配置合理、兼容，包括线路铺设防止雷击鼠咬等，维护保养应当经常及时，软件应用正确无误。同时建立严格的管理制度，保证正常运行目标落实到各个岗位上，形成全体自动化技术人员的共识和自觉行为。

（2）数据管理安全、准确、可靠性目标

图书馆的数据从采购、验收、分编、标引直至交送总书目库、实行典藏、流通管理，为读者提供公共查询服务，往往要经过多个岗位、多道工序，数据在流动中不断发生形态变化。特别是图书馆自动化集成管理系统由多个子系统组成，一些图书馆由于硬件环境有限，当数据从一个子系统流向另一个子系统时，需要系统管理员的交送或备份处理。其中，某个环节失误或系统管理失控都可能造成数据的变化或丢失。特别是流通管理，公共查询子系统开通之后，各种读者数据、流通数据是图书馆与读者沟通、实行典藏管理的唯一桥梁，一旦运行中数据遭到破坏，发生变化或丢失，不仅会引起读者与工作人员的矛盾，还可能造成馆藏图书的丢失、无法清点。

从我国图书馆自动化发展情况看，馆藏数据库建设中仍然存在着严重的数据质量问题。除了数据制作人员的业务水平和书目数据控制方面的问题外，自动化系统管理中未能处理好新书加工和旧书回收、简单数据录入和标准化数据录入之间的合并、套录、删除处理、数据交送缺乏控制等也是重要原因之一。这导致一些图书馆馆藏书目数据库里数据重复混乱，条码号与记录号使用缺乏控制，数据量庞大。读者利用公共查询子系统后，并未减轻索取原始文献的困难。因此，强调数据的准确、安全、可靠，特别需要系统管理员或数据管理员具备较高的技术水平、软件应用能力和系统管理能力，同时也要求图书馆管理者必须尊重系统管理员的意见、建议，按照自动化建设需要和软件功能合理布置、策划建库工作。为保证数据的准确、安全、可靠，还要求系统管理人员做好软件维护，包括权限控制、参数设置以及系统监控管理等方面工作，只要其中一方面出现失误，都可能引起数据丢失事故或数据质量问题。强调数据准确、安全、可靠性目标，就是要求系统管理人员提高综合管理能力，围绕数据安全目标，加强责任心，按照图书馆业务工作特点和数据库建设要求搞好自动化系统的建设与管理工作。

（3）用户与读者安全使用目标

图书馆自动化系统的鲜明特征是使用的广泛性、开放性，对于系统管理人员来说，加强用户与读者的安全使用教育和安全管理应成为工作重点。

一般来说，保证用户与读者安全使用的关键性技术环节，在于对用户与读者终端使用的权限控制和监控管理。随着计算机技术渗透到图书馆的各个领域，以及数据库品种、数据量、应用范围的增加和扩大，如何理顺图书馆的业务操作流程同时根据机构、岗位、工序业务职责范围设置操作权限，避免非法用户任意进入系统或拥有其他工作权限已成为安全使用目标中的重要问题。这要求系统管理人员熟悉图书馆业务，并根据软件应用要求，建议调整权限重复的岗位、工序，合理布线、布置终端等，防止重复交叉、权限不足造成的矛盾和事故。当图书馆自动化系统面向读者开放使用，提供联机检索、公共查询服务，特别是上网运行、远程登录服务后，用户名、口令的设置应当具备较高的保密度和不易猜测性，这是防止读者非法入侵极其重要的一环。此外，重视数据的备份、严格履行系统监控管理制度亦是防范非法入侵或发生非法入侵后及时补救的有效手段。

图书馆自动化系统面向公众开放后，开展用户与读者的安全知识教育、抓好读者使用管理是图书馆面临的新课题。就图书馆和读者而言，蓄意破坏自动化系统、敌意入侵的可能性很小。但是，图书馆读者成分的复杂，潜藏着使用上的诸多不安全因素。例如，计算机"文盲"的误操作引起的突然关机，计算机学习者尝试各种解密方法的误闯入，计算机专家的有目的进入系统浏览等。假如此类的情况出现，势必造成对图书馆自动化系统文件、数据的威胁，甚至引发重大事故。因此，开展用户与读者的安全使用教育和培训、举办读者使用培训或安全教育学习班、引导读者正确使用计算机及网络、迅速查寻馆藏信息、普及计算机知识是图书馆目前应当重视的一项重要工作。

此外，设立读者使用辅导岗位、制定读者使用安全管理制度、实行监控管理、强调值班记录，都有利于形成用户与读者正确安全使用的技术环境和人文环境。

以用户与读者安全使用为目标，可以调动系统管理人员的综合安全技术的运用，有助于克服系统管理人员只注重技术范围内的问题，而忽视用户与读者使用中所存在的问题。不仅应当从权限设置合理度、口令保密度、用户教育、读者培训、监控管理、值班制度等方面，为用户与读者提供良好的服务，同时要在读者教育与管理上下功夫，规范读者教育培训岗位职责，强调读者教育、培训的人数、课时等，改变目前一些图书馆读者使用中的任意、自发、松散、混乱的情况。

2. 安全目标的实施与评价

为了保证图书馆自动化系统的安全建设与管理，应当依据上述安全目标，实行安全目标岗位责任制，制定具体的评估指标体系。狠抓安全目标的实施，开展经常的安全目标考核、评估。通过分析自动化系统的正常运行状况、数据准确、安全、可靠系数、用户与读者使用情况等，对其建设与管理的成熟度、可靠性、安全度及效率做出分析和评价，这必将有利于图书馆管理者发现自动化系统建设中存在的各种问题，促进现有的系统建设与管理不断改进和完善。

（1）明确岗位职责，细化安全管理目标

加强图书馆自动化系统的建设与管理，最重要的是实行岗位目标责任制。对于系统管理员而言，就是要根据硬件管理、软件应用维护、监控、数据控制、读者培训等不同的岗位或职责范围，将安全目标细化。硬件管理岗位强调设备的配套、兼容和日常维护。软件应用岗位强调数据流动中的控制管理，特别是交送数据、设置参数及权限、备份数据等工作的安全保障。读者与用户培训教育或管理岗位需要明确正确指导读者使用，保证读者或用户安全使用。日常值班监控管理的人员则需要高度的责任心和赏罚分明的管理制度，强调严密监控，防止突发事故并制定各种补救措施与办法。只有将安全目标层层分解到相应的岗位上，量化为具体的岗位责任目标，图书馆自动化系统的安全管理才可能落到实处。

（2）定期开展安全目标的评估和考核工作

在建立明确的岗位责任制基础上，定期开展自动化系统的安全目标考核、评估工作，通过对自动化系统的运行状况、事故率、数据准确率、读者或用户使用情况进行分析评价，才能及时发现系统建设与管理中存在的硬件配置失误，或软件应用不当，或机房环境、线路铺设影响，或缺乏制度、管理混乱、教育培训不力等。

在开展自动化系统安全目标的考核、评估工作中，应当通过自评、抽查、用户意见反馈、读者意见调查等方式，获得真实情况的了解。对运行状况，可以通过日志查询，对数据准确率可以跟踪数据流，抽查不同形态的数据，特别是流通数据，获得数据库质量及系统管理效率评价。对读者或用户使用状况，需要深入用户与读者中间，听取他们最真实、最客观的意见，了解他们的实际运用能力。同时，了解对用户与读者教育培训办班的课时、人数等，从而发现用户与读者教育中的薄弱环节，调整管理措施和办法。

（3）加强教育，严格管理

实现图书馆自动化系统安全目标管理，首先要加强自动化技术人员的图书馆服务意识和安全目标教育；其次，在经常的考核、评估基础上，建立奖惩制度，严格实行奖惩管理。如此，才能使图书馆服务意识和安全目标深入并转化为自动化技术人员的自觉行为，激励他们为责任目标的实现发挥主观能动性，防止各种可能的事故和潜在危险。作为图书馆管理者，随时关注自动化系统的运行情况，针对具体问题采取相应措施，开展积极的思想教育工作，同时根据自动化系统运行状况，凡正常运行超过一定时数，给予必要的表彰或奖励，发生事故及时分析、处理并实行必要的处罚管理，图书馆就一定能逐步营造业务人员和技术人员共同努力实现自动化系统安全目标的良好氛围。

当然，奖惩手段的利用必须适度，应以思想教育、精神激励为主，物质刺激、批评处罚为辅。依据安全目标的考核和评估，做出正确的分析和结论，切忌主观、唯心、盲从、轻率下结论，盲目进行表彰、批评。

总之，只有建立合理的图书馆自动化系统安全目标和评估体系，形成目标责任制管理，经常开展评估与考核工作，采取必要的奖惩手段和措施，图书馆的自动化建设与管理工作才能逐步改变目前的状况，形成良好的应用环境，充分发挥自动化及网络系统的优势和效力，最大限度地避免自动化及网络系统自身的脆弱性，防止图书馆由于自动化系统管理不善陷入被动、难堪、难以向读者交代的局面。

3. 网络系统的安全管理

（1）服务器

在图书馆网络中，服务器是整个网络的心脏，担负着十分繁重的信息处理任务。它承担着域中各计算机及各种域用户身份的验证，如果域控制器发生了问题，则会导致网络的瘫痪。因此，一般网络系统服务器的选择要求都比较高，如果有条件，可以在局域网中配置两台高质量的服务器，一台作为主域控制器，另一台用作备份域控制器。在主域控制器发生问题时，可以将备份域控制器升级为主域控制器来进行网络中用户身份的验证，主域控制器更应创建紧急修复磁盘，当系统发生问题需要重装系统时，就可以快速将操作系统恢复。同时在每次更改设备驱动程序或其他硬件、安装新的应用程序时，一定要更新此紧急修复磁盘的内容。

（2）补丁程序

Windows 操作系统虽然是一种安全的操作系统，但是它也存在一些漏洞和缺陷。补丁程序就是对操作系统已知漏洞和缺陷进行修补的程序，因此局域网络中服务器和工作站在安装操作系统后要及时安装更新 Windows 的补丁程序，堵住已发现的系统漏洞，这是十分必要的。

（3）权限设置

设置引导分区根目录下所有文件为只读许可，对系统所在目录中进行权限设置，以避免用户删除系统文件而导致系统崩溃。

（4）工作站

设置工作站限制是网络管理的一项有力措施，它可增强文件数据的安全性并严防病毒的扩散。如果不对工作站限制，用户便可从某个工作站登录任意一个用户名；如果不对同名链接数的数量进行限制，那么同一用户名可能有若干个用户从不同工作站登录，就会增加了工作站应用软件和数据被删除的机会。只要对工作站设置限制，每台工作站的登录就可唯一对应，明显减轻了管理工作量。

（5）计算机病毒

严防病毒侵犯是保证网络安全的重要因素。由于病毒具有破坏性强、传染快、扩散面广等特点，稍不注意就可能使网络瘫痪。由于网络中具有各计算机互联在一起的特点，网络中计算机病毒的预防与单机形式有很大不同。单机中计算机病毒发作只会导致一台计算机受到损坏，而网络中一台计算机受到病毒感染则会波及整个网络。因此在网络中安装实时计算机病毒防护网络版软件显得尤为重要。必须兼顾网络上每个节点的防毒工作，从各工作站、局域网络服务器将防毒软件集中控管，才能确保网络安全，而且要经常升级才能达到预防病毒的作用。目前的病毒多数是通过电子邮件进行传播的，一旦局域网中某台计算机感染了病毒，它就会在局域网中寻找其他计算机的共享目录进行传播，所以在局域网中尽量不使用共享目录，到用时再设置共享目录。共享属性尽量不设置成完全共享，而且要设置口令，口令要长，用后取消共享，这样会减少感染病毒的机会。为了保证整个网络的安全，每个工作站应该做到对来历不清的电子邮件不打开，直接删除；不让外人使用机器；禁止使用游戏软件；不要随意拷贝别人的软件或给别人拷贝软件，防止病毒侵入。

（6）不间断电源

为了保证对服务器稳定供电，且工作时不能断电，因此配装一台（或几台）不间断电源是必需的，这样就能防备突然停电而造成效据丢失或对服务器产生不同程度的负面影响。

（二）应用软件的管理

1. 确保应用系统安全运行

现在图书馆的软件大都是购买现成的商业软件，系统的数据库安装在服务器的某个目录下，目录设置为共享目录，运行程序安装在工作站。网络上用户利用驱动器代号与共享目录链接，并利用该驱动器代号访问共享目录的文件与目录。对用户设定访问权限，共享目录设置为更改，不能设置为完全共享，子目录的访问权限设置为读取、运行，文件的访问权限设置为读取、写入、运行。通过这种设置可以阻止一些非法用户的登录，也可以控制用户访问哪些目录和文件，从而防止用户越权操作，保证数据安全。

2. 数据的备份和恢复

由于保存数据的磁介质的不可靠性，对数据库进行定期的数据备份是非常必要的。数据库的备份通常有联机备份和脱机备份两种，联机备份是在数据库正在使用时对数据库中的数据进行备份，脱机备份则是在没有任何用户访问数据库的情况下对数据库进行备份，将备份下来的数据重新应用到数据库就是恢复。备份策略最好是每天做两个备份，一个备份做在服务器上，是覆盖；另一个做在其他的机器上，是循环，保存一个月的数据。每个月刻一张光盘保存。这样可以在系统遭破坏以后，使有用的文件、数据及系统等得以迅速恢复，从而减轻破坏的程度，使损失降到最低。数据备份又分为分时备份和实时备份。

所谓分时备份，就是指定期或不定期地将数据库全部备份到软盘、硬盘或可擦写光盘上。其特点是手工进行，优点是备份数据完整，缺点是如果未到备份时间就出现文件服务器上的故障，则有可能带来数据的丢失。其方法主要有两种：一是直接备份，就是对备份数据不进行任何处理而进行的备份，方法比较简单，但如果是向软盘做备份，可能需要大量的软盘；二是压缩打包备份，就是利用压缩打包工具软件先对需备份数据进行压缩处理，然后再打包备份到目标盘上，虽然操作略显烦琐，但能有效地节省目标盘空间。

所谓实时备份，就是机器随时自动地将变更数据备份到目标盘中，优点是能随时保存变更数据，缺点是如果数据出现错误，而人工控制又没到位，则所备份的数据也是错误的。因此，在实施实时备份时应注意两点：备份人员应当时刻观察和掌握整个网络系统中的数据使用情况，一旦出现数据差错，应当立刻停止启动实时备份工作，以免给工作造成损失。如果在实时备份启动的过程中，工作站存取服务器上的数据，则会在工作站系统上出现故障，解决方法是适当延长系统等待稳定时间。

在网络中服务器上的重要数据应当经常进行备份和异地保存，这是每位备份人员的工作，但是随着需要备份的数据量的日益增多，备份工作的等待时间就比较长，势必会增加备份人员的工作负担，如果采用对目录进行实时的异地自动复制备份就能有效地解决这一问题。

3. 数据的安全性

指保护数据库以防止不合法的使用所造成的数据泄露、更改或破坏。

在数据库系统中，大量数据集中存放，而且为许多用户直接共享，是宝贵的信息资源，因此其安全性问题更为突出。管理系统通常采用用户标识与鉴别、自主访问控制、强制访问控制、审计等技术实现数据库的安全管理。

在使用图书馆管理系统的每台工作站上，一方面都应设置开机密码和进入图书馆集成管理系统的密码，此密码只限于系统管理员和具体工作人员知道，密码应定期更换。工作人员用自己的账户和密码进入管理系统时，管理系统中都有记录，这样管理既能保证系统安全又能掌握每个工作人员的工作情况，一旦哪一个工作人员在工作中出现问题可以及时发现并纠正。

另一方面应严格控制图书馆管理系统所处的局域网上的用户登录上网方式。可以根据实际工作需要，每人设置一个账号和密码，设定在网络上的工作权限。如果同样工作性质的用户较多，应建立不同的工作组，对每个组进行权限控制和管理。对公共用户（读者）设置一个公用账户，严格控制权限，这样能大大加强系统登录的安全。严格控制用户对资源的访问权限，如果不控制就可能发生重要的数据文件被删除、复制和修改等一些严重后果。只有灵活运用局域网的权限和属性设置，才能有效保证数据安全。例如，对图书馆集成管理系统的使用人员只能设置对数据文件的读、写权限，不能设置删除权限。

（三）图书馆网站的安全管理

由于网上书目检索、全文检索、馆际互借、网上读者资料查询、网上预约等网络化服务的出现，图书馆的网站凭借其强大的信息资源支撑，已成为互联网的重要信息源。但互联网对于信息保密和系统安全设计得并不完备，安全问题正日益突出。图书馆网站的安全性主要体现存两个方面：一是图书馆数据信息（书目数据、全文数据、读者数据、借还信息等）的安全性，这些数据容易被干扰或丢失，甚至被窃取、篡改、冒充和破坏；二是网站的安全性。网站安全的威胁主要来自"黑客"的攻击、计算机病毒及拒绝服务攻击。此外，网络系统的脆弱性及人为因素也是不容忽视的。因此，必须对图书馆网站的安全隐患采取有效的安全防护措施。

1. 网络系统的弱点

（1）网络系统的脆弱性

互联网从建设伊始就缺乏安全的总体构想，因而充满安全隐患和固有的安全缺陷。例如，互联网所依赖的 TCP/IP 协议，本身就很不安全，运行该协议的网络系统，存在着欺骗攻击、否认服务、拒绝服务、数据截取和数据篡改五种类型的威胁和攻击。IP 层协议有许多安全缺陷，包括 Telent、FTP 等协议缺乏认证和保密措施，依靠软件配置 IP 地址，造成地址假冒和地址欺骗；FTP 协议支持源路由方式，即源点可以指定信息包括送到目的节点的中间路由，提供了源路由攻击的条件。操作系统是其他一切软件赖以运行的平台，但现在普通使用的 Windows 操作系统在安全性方面还有很多漏洞，而且不开放源码，即使采用了其他各种安全技术和措施，人们也很难加强操作系统本身的安全性，所以说网络系统本身的脆弱性十分严重。

（2）软件、硬件及环境的因素

软件中不完善的操作功能会导致信息数据的丢失，当发生误操作时，软件容错功能的强弱也会影响系统的安全性。

在软件系统的安全性上，防止病毒侵入也是一个重点。图书馆网站服务器及相关设备的相对落后，是网站安全防护的重大隐患。因为服务器的性能不高，容易造成信息数据的读写故障，影响系统的正常运行，并有可能造成系统崩溃。环境是指网络系统所处的工作环境，一般着重指中心机房。环境的安全，除了常规的防火、防湿、抗强振动和规范化配置电源之外，还应注意防静电、防磁场和电磁波等。因此，软、硬件和环境的好坏会直接影响图书馆网站的安全。

（3）非法侵入：即"黑客"攻击

黑客早在主机终端时代就已出现，现代黑客常通过网络进行攻击，其常用手法是通过网络监听获取网上用户的账号和密码。目前，已知的黑客攻击手段已多达 500 余种，其行为正在不断地走向系统化和组织化。所以，如何保护图书馆的信息渠道和资源已成为网络应用中的重要课题。

（4）病毒侵害

当今互联网将全球经济活动紧密联系在一起的同时，也为计算机病毒提供了更快捷的传播途径。病毒可以通过电子邮件、软件下载、文件服务器、防火墙等侵入网络内部。人们虽然对于在单机环境中的病毒防治取得了很大成绩，但对计算机网络病毒的防范还缺乏有效手段，这对图书馆网络安全构成了严重威胁。

（5）拒绝服务攻击

拒绝服务攻击是一种破坏性攻击，最早的拒绝服务攻击是"电子邮件炸弹"。它的表现形式是用户在很短的时间内收到大量垃圾电子邮件，从而影响正常业务的运行。严重时会使系统关机、网络瘫痪。"信息炸弹"的攻击更具威慑力，"信息炸弹"一旦爆炸，就会引起网络系统瘫痪。图书馆网站如果建立电子邮件服务器的话，就极有可能受到"电子邮件炸弹"的攻击，所以要做好安全防护措施。

（6）人为的安全漏洞

在一个安全设计充分的网站中，人为因素造成的安全漏洞无疑是整个网络安全性的最大隐患。网络管理员或网络用户都拥有相应的权限，利用这些权限破坏网络安全的隐患也是存在的，如操作口令被泄露，磁盘上的文件被人利用及未将临时文件删除导致重要信息被窃取，都可能使网络安全机制形同虚设，从内部遭受严重破坏。

2. 网络安全管理措施

（1）加强网站在操作系统级的安全性建设

图书馆网站在系统级的防护，只要采取以下措施，就能有效地防范非法用户的攻击：①通过特定网段及服务建立的访问控制体系，系统将绝大多数攻击阻止在到达攻击目标之前，对安全漏洞进行定性检查，使得攻击即使到达攻击目标也会变成无效攻击；②通过特定网段及服务建立的攻击监控体系，系统可实时检测出绝大多数攻击，并采取相应的行为；③主动地加密通信信息，可使攻击者不能了解、修改敏感信息；④良好的认证体系可防止假冒合法用户的攻击；⑤良好的备份和恢复机制可在攻击造成损失时，帮助系统尽快地恢复数据和系统服务；攻击者在突破第一道防线后，多层防御可以延缓或阻断其到达攻击目标，使攻击者难以了解系统内的基本情况；⑥设立安全监控中心，为信息系统提供安全体系管理、监控、保护及紧急情况服务；⑦把图书和读者数据库存储在专用服务器，与Web服务器分开，只在某些条件下才把它移植到Web服务器上。

（2）计算机病毒的防范

防御是对付计算机病毒的积极措施，能有效地保护计算机系统。防范的策略有以下几种：①对新购置的计算机系统、硬盘或出厂时已格式化好的软盘、软件都要进行病毒检测，确定无病毒方可使用；②在脱机情况下，软盘和光盘是传染病毒的员主要渠道，所以尽量不用软盘或光盘启动计算机；③在内部网服务器及有关客户端安装网络查杀毒软件，安装病毒防火墙系统，自动查杀网络下载文件中可能包含的计算机病毒；④对服务器等机器应做到专人管理；⑤定期进行磁盘文件备份工作，不要等到病毒破坏图书数据或读者数据时再去急救，重要的数据应即时进行备份。

（3）应用防火墙技术

可简化图书馆网站的安全管理，网络安全性在防火墙系统上得到加固。防火墙技术实际上是在外部网络与内部网络之间设置一个数据过滤装置，根据图书馆内部的安全策略，对外部网络与内部网络交流的数据进行过滤检查，以防止外部网络的未授权访问。在没有防火墙时，内部网络上的每个节点都暴露给互联网上的其他主机，极易受到攻击。防火墙主要有以下几点技术优势。①代理技术。通常运行在两个网络之间，对用户来说像一台真的服务器，但对外部网络接收呼叫的服务器来说它又是一台客户机。当代理服务器接收到用户请求后台检查用户请求的合法性，如果合法，代理服务器会像一台客户机一样取回所需要的信息再转发给客户。②监视网络。在防火墙上可以很方便地监视网络的安全性，并产生报警。应该注意的是，对一个已经连接到互联网上的图书馆网站来说，重要的问题并不是网络是否会受到攻击，而是何时会受到攻击，网络管理员必须审计并记录所有通过防火墙的重要信息。③审计记录。防火墙是审计和记录互联网使用量的最佳地点，网络管理员可以在此向管理部门提供互联网连接的费用情况，查出潜在的带宽瓶颈的位置，并能够根据机构的核算模式提供部门级的计费。④发布信息。防火墙也可以成为向客户发布信息的地点，互联网防火墙作为部署WWW服务器和FTP服务器的地点非常理想。还可以对防火墙进行配置，允许互联网访问上述服务，而禁止外部对受保护的内部网络上其他系统的访问。⑤授权与认证、加密。提供多种认证和授权方法，提供防火墙之间、防火墙与移动用户之间信息的安全传输。

可见，图书馆网站通过设置防火墙，可保证服务器和客户机的安全性，保护图书馆内部网站不受来自内、外部的攻击，为通过互联网和进行远程访问的读者提供安全通道。

（4）做好数据备份工作

图书馆网络系统中的数据是图书馆的一种无形资产，数据备份策略是网络系统安全策略的基础之一，在技术和管理上应予重视。硬件备份一般是采用主服务器/后备（备份）服务器以及磁盘镜像或磁盘阵列，以保证运行设备失效时能迅速地切换到备份设备，从而提高图书馆网络系统的安全可靠性；软件（磁带、光盘、磁盘）备份除了硬件备份外，应根据服务器所拥有的备份设备，建立对系统及数据的磁带、光盘、磁盘备份。可以采取多种备份策略，必须有一个备份存放在远离机房的安全地方，并定期更换磁带、磁盘，以防经过一段时间的存储引起介质损坏而造成备份数据的丢失。

（5）制定岗位责任制及操作规程

建立一个安全的图书馆网络系统必须有合理的管理体制和完善的规章制度。在建立系统的同时，预先制定出应急措施。安全管理是一门管理科学，要真正使图书馆网络系统运行得安全高效，必须提高人的素质，对工作人员进行安全教育，提高保密观念，进行加密业务培训，提高操作技能。此外，还要大力推进应用软件和标准化，研究各种安全机制，创造一个具有安全设施的开发环境，从法律角度来研究和制定计算机安全防范对策，制订网络系统的应急计划。为了将由意外事故引起的网络系统损害降低到最低程度，图书馆应制订应急计划，以防意外事故使网络系统遭受灾难性破坏，应急计划包括紧急行动方案及软、硬件系统恢复方案等。总之，良好的网络安全是需要付出高代价的，这不仅体现在增加物理设备或软件系统方面，更重要的是它增加了网络管理的复杂程度，增加了对网络管理人员的知识和技能的要求，应当随时根据图书馆网络系统的运行环境而采用相应的安全保护策略，通过对图书馆网络系统安全问题的充分认识以及行政、技术和物质手段的保证，能够有足够的能力来处理网站建设中的各种不安全因素。

第六章 现代图书馆读者服务及其转型

第一节 现代图书馆服务的理念

服务是图书馆的永恒主题,在任何情况下图书馆都应不动摇、不偏离、不取代图书馆服务,把服务作为图书馆一切工作的出发点和归宿,把服务作为贯穿图书馆一切工作的主线。然而坚持图书馆的服务主题,并不是说要为读者提供一成不变的服务,而是要根据时代的发展、用户的需求不断更新服务模式、服务内容,为用户提供高质量的服务。进入网络时代以后,随着信息技术的迅速发展和全面渗透,图书馆工作人员也应紧抓时代发展的脉络,积极配合社会的发展进行图书馆服务转型,以便使图书馆能始终适应用户的需求和社会发展的形势。

一个理念的定位差异,将会产生截然不同的结果。随着信息技术的飞速发展,图书馆所面临的信息环境和社会功能正在急剧地发生变化。作为一种信息服务机构,图书馆的作用正随着用户信息渠道的多元化和丰富化发展而被逐渐削弱,图书馆已经不再是传统信息环境下用户的主要信息源。在这种情况下,图书馆的服务理念也在不断演变和衍生。

一、服务理念的概念解析

理念是一个来自西方的词汇,起源于希腊文"philia(爱)"和"sophia(智慧)",故理念含有"爱智慧"之意,这种"智慧"是人类对真理的完全认知与透彻的理解,并将之内化为一体,表现在日常的一举一动之中。

服务理念是人类众多理念的一种,是人们在从事服务活动的过程中形成的主导思想,反映了人类对服务活动的深层次认识,是企业实施和贯彻的以顾客为导向的服务主张、服务思想和服务意识。服务理念是服务活动的指导思想，是企业使命和宗旨的具体体现，也是企业服务的责任和目标。

服务理念一般包括服务宗旨、精神、使命、原则、目标、方针政策等。这些服务理念的内容是企业实践活动中形成的指导思想，在服务中具有积极的作用。

二、图书馆服务理念

一个图书馆的服务理念是这个图书馆对于服务工作的理性认识、理想追求及其所形成的观念体系，它是图书馆人的经验特别是其成功经验的高度概括和系统化，是指图书馆围绕读者服务工作的基本方针，是图书馆的办馆宗旨、原则、目标，是图书馆的服务方式、服务内容、服务态度等的体现。图书馆服务理念是图书馆一切服务工作的指导思想、理论基础、前进方向和行动准则，它指导着整个图书馆的服务活动，指导着图书馆人去做与之相符的事情，决定图书馆服务工作的开展方式并影响图书馆提供服务的结果。它是图书馆观点和图书馆经验的浓缩和代表，也是图书馆服务形象关键所在。

先进的图书馆服务理念能有效地推进图书馆改革与发展。图书馆作为服务社会的信息机构，如果没有正确的、先进的服务理念，就好比没有正确的行动指南，就不能担当起应有的社会责任，履行应有的社会职能。之所以这样说，是因为，一方面，图书馆服务理念主要是用来指导服务行为的，它对内外公开，让用户对图书馆有更多的认识和了解，它不但能引导用户对服务人员的服务行为进行监督，而且还能统一服务人员的服务思想和行为，以此来规范服务人员的服务态度，进而不断促进图书馆服务的发展。另一方面，在网络时代环境下，图书馆早已失去了信息垄断地位，20世纪甚至出现了"图书馆消亡"论，在新形势下如何实现可持续发展，如何增强其核心竞争力就显得尤为重要和迫切。服务理念影响和决定着图书馆人的思想高度，指导图书馆制定发展规划和战略目标，而发展规划和战略目标往往决定着图书馆的核心竞争力。

由于图书馆社会职能的演进，图书馆的服务经历了从封闭到开放，从借阅到参考服务，从信息服务到知识服务，从无偿服务到有偿服务，从按时服务到及时服务，从馆内服务到馆外服务，从在线服务到全球服务的发展过程。从其发展来看，在过去，图书馆的服务理念主要有以下几种：①"三适当"准则，这一理念由美国著名图书馆学家杜威在1876年提出，是说图书馆要在适当的时间，给适当的读者，提供适当的服务。在杜威之后，印度图书馆学家阮冈纳赞在其著作《图书馆五原则》中对"三适当"原则又做了创新和发展，提出了"书是为了用的、每个读者有其书、每本书有读者、节省读者的时间、图书馆是一个生长着的有机体"五项原则，为图书馆理念的确立奠定思想基础。②"小而全""大而全""备而不用""万事不求人"的封闭式服务理念，即每个图书馆都试图建立自己的比较完善的服务体系，争取不依靠外界支持，自己能够为用户提供完备的服务，从而形成一个自我封闭的内向型服务体系。③公益服务理念，在中华人民共和国成立初期，我国的图书馆大多是国家建立的，是完全公益性的，这就使得为公众服务的公益性成为图书馆服务的一大理念。但这一理念同时也带来了一个问题，即图书馆经费由国家提供，图书馆服务讲求公益性，从而造成了传统图书馆人浮于事、效率低下的问题，我们应当清楚图书馆的公益服务并不意味着国家对图书馆的发展要无限制地投入，不意味着图书馆的经营不讲求成本效益，图书馆也应不断提升自身价值。④传统图书馆的服务一般是等读者上门，所有的服务基本是以图书馆为中心，可谓是围绕图书馆馆舍展开的。这是在一定发展阶段，科技水平、社会意识和传统习惯多种因素共同作用的结果，即将藏书、馆藏信息作为图书馆的主体并成为读者服务的唯一物质基础。由于机制、经费、人员、设备的限制，服务工作有许多局限性，同时也束缚了服务人员的思想，缺乏主动服务的精神，图书馆为读者提供的是"等上门，守摊式"的服务。⑤传统的图书馆面向比较固定的读者群，主要对到馆的读者服务，图书馆以不变应万变，提供固定的一套服务模式，应对不同用户的不同需求。无论你是院士，还是大学新生，都接受同样的服务内容和服务方式。完全是一种卖方市场，由图书馆主宰用户的需求，用户的需求必须适应图书馆所提供的服务。

三、网络时代图书馆的服务理念

随着时代的发展，图书馆界一致认为"服务是图书馆的基本宗旨，是贯穿图书馆发展的主线，是图书馆的核心价值观"。在网络社会，图书馆正日益面临着文化传播载体和传播方式的变革所带来的挑战和冲击，经受着日益严峻的竞争。要想赢得竞争优势，提高服务水平和质量，图书馆人员必须转变服务理念，具体来看，网络时代图书馆人员应树立以下服务理念。

（一）用户至上，服务第一

图书馆的社会价值是从满足用户需求中体现出来的。一个图书馆办的好不好，其办馆效益、社会价值如何，主要以用户对图书馆的认识去衡量，要看他们对利用图书馆的希望程度，对服务项目和服务标准的信誉程度，对服务人员素质和服务水平的满意程度，对服务效果的认可程度。因此在网络时代，在图书馆服务中，不管何时何地，都要"用户至上，服务第"，要把"为一切用户服务""一切为了用户""满足用户的一切合理需求"作为图书馆服务工作的出发点和归宿。

为充分体现这一指导思想，图书馆采取成立读者工作委员会实施对图书馆工作的具体指导；定期向读者汇报工作，出版图书馆工作年报，如实反映取得的成绩和存在的问题，接受全社会监督；推行义工制，邀请读者积极分子义务协助图书馆工作等。同时，还应该体现在尊重读者的阅读自由，不对读者设置不符合政策、不符合人权的障碍；不能愚弄读者，不能为了显示图书馆的"业绩"或某领导人的"政绩"。

（二）竞争服务，协作服务

图书馆作为人类知识和信息的传播和服务机构，在网络信息资源的巨大冲击下，面临着重大的挑战和竞争。我们知道，随着现代通信技术、信息技术的快速发展和全面普及，越来越多的人开始倾向于通过互联网来获得相关资讯，同时网络技术也在全面改变人们的阅读方式，更多人（尤其是年轻人）更乐于阅读各类电子书，在这种情况下，人们对信息需求的第一获取途径再也不是图书馆。另外，各类书店及读书组织所提供的购书和阅读环境得到了前所未有的改变，纷纷采取了多种方式为人们提供人性、方便、灵活的服务，深受读者欢迎，更加广泛地吸引了广大读者。面对挑战和竞争，图书馆应该充分利用自身的资源优势，在服务工作中转变观念，变被动为主动，强化竞争意识，进一步做好信息的开发、搜集、检索、分析、组织、存取、传递等工作。在网络建设上，加快网络化和数字化建设步伐，提升员工的素质和业务水平，提高服务质量，确保图书馆在竞争中立于不败之地。

进入网络时代以后，知识传播和挖掘的速度也有了很大提升，现代社会每时每刻都会产生大量的知识与信息，图书馆要想完全搜集、掌握所有的知识和信息显然是不可能的，这就要求图书馆界要树立协作意识，只有通过各服务机构的相互协作，才能促进资源共享，使不同服务机构间的资源优势互补，降低资源采购和运营成本，提升协作服务机构内的相关技术水平和服务人员的综合素质，节约大量的人力物力，以此提高协作服务机构的整体效益；只有通过协作，其服务形式才能更加灵活多样，更加丰富多彩，才能提高各服务机构的服务水平。

（三）用户参与，资源共建

长久以来，图书馆业一直关心的一个问题就是，我们能向用户提供什么，这导致了图书馆所构建的丰富的软硬件资源以及所提供的各种类型的服务被用户冷漠对待。进入网络时代以后，随着Web时代所强调的用户主导、用户参与、用户分享、用户创造理念的广泛传播，图书馆也应转变思想观念，树立用户参与思想，将用户参与和互动作为图书馆资源建设与服务的前提依据。也就是说，通过应用Web和泛在智能的相关技术（如My Space、Facebook、Wiki及目前备受关注的豆瓣网等技术构建图书馆用户的交流社群，使分散在不同应用系统间的个人知识产出不断沉淀，为图书馆积累丰富的资源）让用户付出时间和精力来真正参与图书馆的资源建设，从而让用户开始重视这份投入，开始在乎这份关系，并乐于分享其建设成果。在引导用户参与图书馆资源建设的同时，图书馆还应加强与相关单位的合作，如加强与出版社和数据库商以及电信部门和网络服务商的跨界合作，达到资源、设备的充分共享，从而满足用户在泛在知识环境下的信息需求。

第二节 图书馆服务的对象及其需求

用户是图书馆服务的对象，也是图书馆生存发展的决定因素，用户服务工作是图书馆全部工作的出发点与归宿，因此要做好图书馆工作，就必须分析用户的需求、类型及其变化的趋势，提供有针对性的服务，即一种建立在用户满意基础之上的以用户为中心的服务。

一、图书馆服务的对象

传统图书馆主要收藏以纸张为载体的信息，它的服务模式也必然围绕着纸张文献和图书馆馆舍展开。当时的图书馆服务主要是为各类读者提供图书借阅、信息咨询与参考等相对单一的服务，因此在传统的图书馆模式下，读者就是其服务对象。但现代图书馆已不再是一个仅仅满足人们阅读需要的场所。图书馆及图书馆服务的概念正在发生深刻的变化。现代图书馆由于互联网和数字图书馆技术的发展,正从传统的实体图书馆向实体图书馆与虚拟图书馆相结合的复合图书馆方向发展。图书馆除了向人们提供借阅机会以外,也十分重视满足人们的信息需求、文化需求和休闲需求。因此读者已不能涵盖图书馆服务对象的全部范畴,因此这里以用户称之。

(一)图书馆用户的类型

图书馆用户的类型多样,根据不同的分类标准可将其分为不同的类型。

1.根据用户的职业特征分类

根据用户的职业特征,可将其分为工人、农民、市民、军人、教师、学生、干部、科研人员和离退休人员等类型。

2.根据用户所从事工作的学科范围分类

根据用户所从事工作的学科范围,可将其分社会科学用户、自然科学用户以及一些综合性、边缘性学科的用户。

3.根据用户运用图书馆资源的目的分类

根据用户运用图书馆资源的目的,可将其分为文献信息用户和非文献信息用户,文献信息用户可划分为研究型用户、学习型用户、释疑型用户和消遣型用户等。

4.根据用户与图书馆的关系分类

根据用户与图书馆的关系,可将图书馆用户分为正式用户、临时用户和潜在用户。正式用户是在图书馆正式登记立户的注册用户,领有借阅证件,享有固定利用图书馆资源的权利。潜在用户是指具有阅读能力和文献信息需求,但没有与图书馆建立服务关系的人。临时用户指未同图书馆建立正式服务关系,凭身份证或其他有效证件偶尔利用图书馆资源和服务的服务对象。

5.根据用户利用图书馆资源的方式分类

根据用户利用图书馆资源的方式,可将图书馆用户分为个人用户、集体用户和单位用户。个人用户是以自然人为单位,独立地利用图书馆的文献信息资源从事阅读或其他活动的服务对象。集体用户是指以固定的机构、团体为单位或由若干人自愿组合成一个小组来利用图书馆资源的用户。他们具有共同的服务需求和利用方式,或在同一单位,或从事同一职业、同一工作,在一定期限内，集体借阅一定范围、一定数量的文献或利用图书馆的其他资源。单位用户是指以固定的机构利用图书馆的用户。该机构所属的部门和个人，在一定的规则下，可以此机构的名义与图书馆建立借阅关系或资源共享关系。

（二）网络时代图书馆用户的特点

在网络时代，随着信息资源的开发和利用，图书馆在资源结构、服务形式以及服务内容等方面发生了很大变化，这些变化也在一定程度上带动了现代图书馆用户的变化，使现代图书馆用户呈现以下特点。

1. 用户范围广泛

传统图书馆的服务相对固定，一般局限于本地区、本系统或本单位的相对稳定的用户群。网络环境下，由于网络本身所具有的广域性特征，用户可以不到图书馆，只要遵守一定的协议，拥有一台计算机终端，便可在办公室或家庭的网络计算机上查询信息资源，完全打破了传统图书馆时代信息利用的时空限制。

2. 用户数量增长快

进入网络时代以后，随着人们信息意识的不断增强，对信息资源的重视日益加深。这就使得不少图书馆用户逐渐把获取的大量信息和知识当成享之不尽的资源和效益，信息和知识的需求成为用户个人学习、生活和工作中不可或缺的部分，图书馆作为人们信息资源获取的重要渠道，虽然在一定程度上受到网络的冲击，但网络也将越来越多的用户与图书馆相连，越来越多的用户开始通过网络享受图书馆提供的各类服务，从而大大增加了图书馆用户的数量。

3. 用户的信息需求多样

传统图书馆时代，用户利用图书馆的主要目的是查找文献、进行科研或学习。而在网络环境下，用户上网搜集信息的目的是多元的。有的图书馆用户是想收集专业信息资源进行科研和学习；有的是为加强可信度、信心、稳固性和身份地位，出于个人整合的需要；有的是获得信息、知识和理解的知识需要；有的则是出于了解信息资源，查询特定事实数据，甚至交际的需要。总之，由于用户个体知识结构差异及查找目的的不同，其利用网络信息的类型也各不相同，呈现出多样性和复杂性。

4. 用户水平不一

在传统图书馆时代，用户要想享受图书馆服务，首先要识字，才能通过图书馆中的各项文献资源获得相应信息。因此用户一般是文化水平较高的人。网络环境下的信息载体多元化，多媒体信息直观形象、生动有趣，所传递的信息也通俗易懂，文字阅读能力较低者也能轻松利用。由于信息意识和知识结构的不同，用户之间的信息素养和技能相差较大，导致用户层次参差不齐。

二、图书馆用户的需求分析

用户及其需求是图书馆产生和发展的原动力，没有用户，图书馆就失去了存在的价值和意义。随着网络环境的发展，科技信息开放获取的推进，就读者而言，读书或查寻资料可以通过多种途径来进行，图书馆只是其中的一种可供选择的信息源之一。图书馆工作人员与用户之间的面对面式的直接服务方式将逐渐减少，用户自身利用网络乃至图书馆的设备进行自我服务的比重将增加，这给图书馆服务带来了巨大挑战。为了能够更好地生存并发展下去，图书馆必须对用户的需求进行分析，以便结合用户需求为其提供对应服务。

一般来说，不同类型的用户对图书馆的需求不同，如教师用户的信息需求相对来说目的比较明确，一般查阅教学参考资料和与研究课题相关的文献资料以及各种参考工具书，大多主题明确，范围比较确定，往往自己查找所需资料，强调信息的准确性和可靠性。管理人员要求提供方案咨询服务，即对所查到的信息进行二次加工或提供综述述评等浓缩的三次文献信息，他们对信息的需求呈现时效性、完整性和连续性的特点，强调信息的时效性。图书馆服务人员应根据用户的类型为其提供适应的服务。

此外，进入网络时代以后，随着知识经济的发展，文献资料的大量增加，科学技术的迅猛发展，大量知识信息渗透到社会生活的方方面面。各种信息之间的知识内容互相交叉，各个学科内容之间高度综合化和专门化，新的交叉学科、边缘学科大量涌现，使用户文献信息需求的内容呈现向微观化方向发展的趋势。用户不仅仅需要概括性、叙述性的文献信息，而且更加需要大量详尽的、专指性很强的文献信息，不断增加专指性比较强的文献信息的需求。

再加上移动互联网的快速发展，图书馆用户对传统文献与声像文献、电子文献的需求并重，呈现出综合化趋势；信息需求向电子化、数字化网络化信息资源的方向发展；信息需求呈现出全方位、社会化趋势，不仅需要科学技术研究所需要的信息，而且需要有关社会和生活方面的各种信息。在这种情况下，用户对信息的相关性、可靠性和准确性有了更高的要求。与此同时，用户希望能够快速、高效地获取信息，能够随时随地进行一站式检索，并获得相关主题的论文、照片、音频和视频等信息。用户信息需求的高效化主要表现在：首先，用户对满足工作、学习的信息需求较高，要求提供的信息具有准确性和可靠性；其次，用户要求获取的信息方便、快捷，能够减少用户的查询成本；最后，用户要求提供的信息直观、简洁，节省用户的阅读时间。移动信息组织与传递方式的变化，进一步激发了用户对信息高效化的需求。移动图书馆的出现满足了人们的这种需求，但由于受到手机等移动终端设备的限制，移动互联网用户在时间上获取信息和体验等方面具有碎片化的特征，因此移动图书馆的用户需求也呈现一定碎片化特征。移动图书馆用户的使用行为一般穿插在日常工作和生活中，通常在急需时或等候时会使用，并且每次使用的时间较短，在时间上呈碎片化。同时，移动图书馆用户关注和获取的信息也呈碎片化特征，并且移动阅读层次通常较浅，缺乏深入性，这就要求移动图书馆能为用户提供内容适当、简洁精准的信息服务。

第三节 现代图书馆服务的转型

进入网络时代以后，随着信息技术的高速发展和普遍应用，人类的交流方式发生了很大变化，这也给图书馆带来了挑战。为适应网络环境的需要，从传统走向现代化，图书馆必须进行服务转型。

一、图书馆服务转型的必然性

当今的中国正处于转型时期，从农业社会向工业社会转变，从封闭半封闭社会向开放社会转变，从单一性社会向多样化社会转变，从伦理型社会向法理型社会转变。此外，在世界信息化浪潮的影响下，我国又提前进入了信息化社会。图书馆作为文化事业的组成部分属于上层建筑，以经济为基础，其变化、发展直接受经济条件的影响、制约。

从内在因素上来说，进入网络时代以后，图书馆的文献、读者、馆员技术手段、建筑设备等要素均发生了变化，如文献载体形式由单一的印刷型向光电型、缩微型的方向发展，磁盘、光盘、海量存储器在图书馆的大量使用，电子计算机存储功能和传递功能在文献利用中的进一步发挥，这些变化也要求图书馆服务随之发生变化，以适应图书馆发展的需求。

从外在因素上来说，一方面，计算机出现以后，人类的信息载体和信息记录方式又有重大的变革，逐渐演变出电子型文献，随着电子技术的迅猛发展，一切文字、图像、声音都可以很方便地转换为计算机可以识别的二进制数字，从而以数字化的形态保存和传递。在这种情况下，若图书馆还是坚持传统的纸质图书文献搜集、整理与保存，必然无法适应资源信息化存储、传递的形势，也无法满足图书馆用户对信息资源快捷利用的心理需求，再加上网络时代信息呈爆发式膨胀，传统的纸质文献整理与传递必然赶不上知识更新的速度，在这种情况下，图书馆必须进行服务转型。

另一方面，网络时代是个创新的世纪，各个行业都在搞创新，如传统学校教育到网络远程教育的延伸，商场封闭式销售到开架式自由选购，再到网络采购等，创新所带来的变化随处可见。如今的社会是以信息文化和公共资源为主要生存轴心的。在数字图书馆时代，任何一个图书馆都可以进行超馆藏超地域的服务，任何一个读者也都可以通过计算机利用图书馆。图书馆馆藏的多少和馆舍的大小已不再是形成竞争的优势，只有出色的服务才是图书馆的区别所在。出色服务的提供要靠图书馆的不断创新，只有在不断创新中才能有特色，为此，图书馆也必须进行服务转型。

二、图书馆服务转型的基本走向

网络技术的发展给图书馆服务带来了全新的技术环境和人文社会环境，再加上网络技术的全面普及，图书馆服务转型成为必然。从当前的形势来看，图书馆的服务转型主要有以下走向。

（一）服务对象由服务到馆读者向服务社会转变

在传统图书馆时代，图书馆工作人员的服务对象主要是到馆读者，即前来图书馆进行图书借阅、信息咨询的读者。进入网络时代以后，图书馆网络化、资源的数字化的发展，大大消除了读者与图书馆之间的地理障碍，图书馆的服务范围不再受到时空的限制，通过网络它可以为整个社会服务，也就是说除了围绕"本馆"读者组织和进行读者服务工作以外,现代图书馆的服务对象不断拓展,不再仅仅局限于持有本馆借阅证的读者这样狭小的范围,而是大大突破了时间、空间的限制,延展到全国乃至全球。具体来看,网络时代的图书馆不仅可以服务到馆读者,也可以服务于高校,还可以向企事业单位开放,服务地方政治、经济、社会、科技、文化等事业的发展。

(二)服务方式由"传统手工操作方法"向"综合文献技术应用"转变

在实践中我们可以看到,传统的图书馆服务方式绝大多数属于事务性工作,如图书的借阅与归还、取书归架、采购相关图书等,其手段是以落后的手工操作方法维系对外的各项服务活动,服务水平、服务时效滞后,这种做法除了观念、时代需求等因素外,根本原因还在于传统纸质文献的易损、稀缺和共享性差等特点,导致人们怕文献被弄丢、被损坏、文献不够用等,因此将文献的收藏放在了中心地位。进入网络时代以后,随着计算机技术、数字化技术、数据库技术、云计算等的快速发展,图书馆的服务方式也有了很大的变化,图书馆服务的手段也将逐步摆脱传统图书馆以手工操作为主的事务性服务方式,向依靠综合文献信息技术应用转变。换句话来说,在网络时代,应用各类信息技术为用户提供适宜的服务是现代图书馆必然选择。

(三)服务内容由信息服务向知识服务转变

传统图书馆的读者服务工作主要围绕印刷型文献资源和部分非书资料的开发利用来组织和展开。随着大量商业化学术资源数据库的出现、电子出版物的出版和传统馆藏的数字化转换,数字化信息资源成为现代图书馆文献信息资源的主体,知识也成为最重要的生产力要素,知识的生产和创新成为经济发展、社会进步的重要保障。当今社会已进入知识经济社会,图书馆传统的信息服务早已不能满足人民日益增长的对知识的需求。在这种情况下,为了满足用户的需求,图书馆的服务内容逐渐从帮助用户获取文献信息、激活文献信息内容、实现资源共享的信息服务向从各种显性和隐性的知识资源中,针对用户在获取知识、吸取知识、利用知识、创新知识的过程中需求,对相关信息知识进行搜集、分析、提炼、整理等,为其提供所需知识的知识服务转型。

(四)服务理念由"书本位"向"人本位"转变

在传统图书馆时代,工作人员虽然是为读者服务,但其服务理念一般表现为以书本为主，即以图书的收藏和保存为中心，图书馆的服务一切围绕图书馆开展工作，强调书静态的信息。进入网络时代以后，科学技术日新月异，信息服务全球化已经成为必然趋势，图书馆作为信息服务业的一个重要组成部分，将会在社会文献信息服务中发挥不可替代的作用，并成为我国信息产业的重要一员。但要切实履行这一职责，图书馆提供的服务必须符合用户的需求，因此图书馆的服务理念也不能停留在过去的"收藏"和足不出户的"借阅与归还"了，而是要从思想深处更新服务理念，以图书馆用户的需求为中心，为其提供适宜的服务，这样才有利于图书馆未来的发展。

（五）服务范围由"图书馆服务"向"资源共享"服务转变

传统图书馆以文献收藏为己任，以印刷型文献为主体，这种基于自我馆藏的图书馆是作为一个书刊存储基地和物理实体机构存在的。图书馆的服务范围仅限于这个特定的场所内，其服务的直接功能是利用自给自足的档案性馆藏，为相对稳定的读者提供"阵地服务"和"定向服务"，满足读者对已知文献的需求，我们把这种服务称为"图书馆服务"。

进入网络时代以后，远程通信技术、网络的应用和推广，使得图书馆与地区网、国内网、国际网联网，正在把图书馆与近程和远程的读者、各类信息服务中心、各种书目利用机构、联机信息检索系统联为一体，为图书馆与其他机构共享资源提供了条件。再加上网络时代知识更新速度不断加快，图书馆想要凭一己之力搜集所有的知识信息是不可能的，只有与其他图书馆、其他机构进行合作，进行资源共享，才能充分发挥图书馆的作用。在这种情况下，图书馆的服务范围必然向"资源共享"转变。这是在网络环境下发展起来的一种新的、重要的学习交流模式，图书馆不仅要方便快捷地为用户提供信息，而且要成为用户不可或缺的信息共享空间开放存取，任何人可以在任何时间和地点、不受经济状况影响、平等免费地获取和使用相关信息，这也是符合网络时代信息交流特点的一种全新的、高效的交流模式。

第四节 图书馆服务共享

进入网络时代以后，随着网络信息技术的快速发展，以百度、Google等为代表的互联网搜索引擎为人们提供了信息搜索的便捷方式，给图书馆的生存带来巨大挑战。针对这一情况，进行图书馆服务变革成为图书馆界的共识。其中，提倡图书馆服务共享就成为现代图书馆革新的一个重要思路。

一、服务共享的概念

服务共享，简单地说是指经营机构的一种共享机制。随着后工业化的服务经济快速发展，公司经营的利润获取也在发生变化。尤其是一些大公司为了节约成本，纷纷开始成立服务共享管理部门，主要用于处理重复性的日常事务，以最大幅度地提高效率。该种经营模式作为一个独立组织管理其资源；所提供的服务界定为服务共享产品；所承诺的服务符合服务水平协议书的要求；遵循统一的经营思想为整个组织的众多商业伙伴和客户提供服务。

从其概念的分析上我们可以看出，服务共享实际上是将分散在各个业务单元当中那些功能相同、流程相似的业务从原业务单元中剥离出来，并进行集中整合，组建共享服务中心，此共享服务中心以顾客（原业务单元）为导向，向顾客提供收费服务，并形成具有专业化的内部机构。它不仅有利于节约成本，而且是价值的再创造。

自21世纪以来，图书馆行业也逐渐将关注的重点从文献资源转向图书馆服务，一方面资源数字化引发读者到实体图书馆越来越少，另一方面更加关注读者的需求成为图书馆服务的共识。再加上海量信息的飞速产生，使得不少图书馆都开始思考如何准确地过滤和有效利用各种信息，提高各种信息资源的利用效率。在这种情况下，一些学者从企业经营的服务共享理念受到启发，倡导将这一方式引入图书馆行业，从而推动了图书馆服务共享的产生。

二、图书馆服务共享的基础

总体上来看，图书馆服务共享的提出是在新世纪信息技术快速发展，图书馆适应社会发展形势，重视用户服务的产物。细究起来，图书馆服务共享之所以可行，是因为它有以下基础。

（一）以用户为中心的服务理念

作为以提供服务为中心而存在的组织，以服务为中心也就是以用户为中心。图书馆通过服务来实现用户与信息之间的双向交流。现在已经没有人将图书馆门户作为查找信息的首选入口。面对这种困境，图书馆开始意识到信息资源建设和服务工作必须从过去"面向资源"到"面向技术"，并最终实现"面向用户"。一切以用户为中心,把用户对信息资源的需求和利用作为图书馆信息资源组织和建设的根本目的和主要评价标准。

可以说,如何去实践和运用以用户为中心的服务理念这个信念,决定了图书馆管理和图书馆服务的发展方向、路线和结果,也说明新世纪图书馆行业对于读者权利的重视。随之而来的,很多图书馆开始尝试为读者提供个性化的服务:定制收藏、个人门户、学科专题文献推送、手机图书馆定制等,都为随之而来的图书馆2.0的起源和发展奠定了基础。

(二)服务手段和服务内容的多样化

如同之前我们所分析的,现代网络技术和信息技术的全面渗透,为图书馆服务手段的更新和服务内容的延伸奠定了技术基础,在信息技术和通信技术的支持下,现代图书馆的服务手段和服务内容呈现明显的多样化特征:讲座与培训、专题文化展览、在线咨询和交流服务——甚至是BBS、娱乐服务功能、读者利用文献的数据挖掘和分析、文化素质教育、定制复印、信息共享空间、高校科研成果转化的引路、学科研究者的网络虚拟社区等都可以在现代图书馆服务中找到。这些服务有些已经远远超出了传统图书馆服务的范畴,意味着图书馆行业在新时期的探索,这些探索也为图书馆服务共享奠定了坚实基础。

三、图书馆服务共享的内容

在实践中,图书馆的服务共享主要是借由SOA架构的图书馆服务共享体系,通过相关书库标准和互操作标准,实现成员机构所需业务的互联互通,保障用户在各个成员机构能够享受通行的服务。其服务内容主要包括以下几个方面。

(一)传统图书馆服务

图书馆服务共享并不是对图书馆服务的完全变革,传统的图书馆服务依然有其存在的价值,因此也属于服务共享的内容,它具体包括以下几个方面的内容。

1. 馆藏目录的共享

通过图书馆服务共享体系,用户可以获得服务共享的多个图书馆馆藏目录,图书馆编目人员也可以利用共享的书目信息快速完成工作,用户也可以通过目录在网上浏览、借阅相关书籍。

2. 文献传递

对文献传递可按文献的形式进行分类，纸型文献可通过复印、邮寄、电传等形式进行共享；数字资源则可通过 E-mail 和建立文献传递专用服务器等方式共享。

3. 馆际互借

用户可以利用统一规划的"一卡通"在服务平台内填写并提交馆际互借需求，也可以根据自己的地域，选择适宜的服务模式。

（二）荐购图书

用户可以向其他用户推荐本馆已有图书，也可以在本馆的电子订单中向采编部推荐采购新书。这是图书馆馆藏资源建设的重要渠道，其方式有多种，往往开发专门的服务平台，将出版社和书商最新的书目信息进行推送，供读者按需推荐，馆员收到推荐信息后，查重后自动生成订单。

（三）知识共享

图书馆可以设计用户个人文档、共享文档等功能，以便用户向知识社区上传和共享自己的文档，通过共享服务阅读和下载其他用户的知识文档，也可以通过收藏文档功能将共享文档库中的有用资料建立起快捷访问方式，从而缩短获取知识的时间。

图书馆可以设计读书笔记功能，让用户将自己的读书笔记共享给其他用户，实现知识共享。

图书馆可以设计藏书架功能，让用户可以通过上传私人藏书目录并与其他人共享，从而达到图书交流的作用。

（四）参考咨询

图书馆可以在网络上设置在线回答、评论、论坛、电子邮件等多种方式，与用户进行沟通，并为其提供多种形式的参考咨询服务。通过图书馆设计的各类交际平台，用户可以在线填写相关的咨询、建议或意见，并能及时得到在线馆员的答复或解决方案。

不同的图书馆也可以各自推荐自己的咨询馆员，与其他图书馆的咨询馆员一起组成用户参考咨询联盟，一起为用户提供各项咨询服务，还可以建立 FAQ 专家知识库，使学科专家参与咨询和图书馆联合咨询成为可能。

（五）知识社区

图书馆毕竟有自己的实际情况，根据读者的需求设计新的服务功能，可以尝试包括 SNS、RSS 的知识订制与阅读、文献资源收藏、图书交易等社区要素。

（六）科技查新的服务共享

用户先填写查新委托书，提交相关资料，并可在系统查询委托查新项目的进度。不同的图书馆具有专业各色，其取得查新资质的方向也不同，服务共享后可以充分利用这些特色，开展更深入的服务。

（七）开放式互动服务

图书馆可以设计"文献互助""图书交易/交换"和"协同写作"等功能实现图书馆知识社区的开放互动功能。其中，"文献互助"已经在"馆际互借"功能中得到体现，这里就不再赘述。"图书交易/交换"主要是为不同文献资源的拥有者提供一个信息交互的平台，以便让读者在最短时间内获得自己想要的知识。"协同写作"则是基于 SNS 技术中的 Wiki 思想的服务，它为做共同研究的用户集体编辑写作同一文章提供的技术支持。协同写作保留历史编辑记录，可以追溯以前的版本，有利于研究团队的组织与管理，便于分工合作。图书交换功能是通过用户上传并共享可供交流的私人藏书信息，为用户间交流图书提供的一项服务，该服务也是弥补馆藏有限的一种措施。图书的交换功能则由用户在系统之外实施完成，充分利用私人藏书开展服务。

（八）人际交流服务

图书馆服务共享并不是单纯的信息共享，也可以通过 SNS 的基本功能将现实的人际关系虚拟化，并重新构建社会人际关系。在具体实践中，图书馆可以在知识社区中设置"相册""迷你博客"和"好友互访"等功能，帮助用户进行好友添加，为其提供交流的机会和平台。用户也可以好友为中心把各个单一的读者联系成一个人际关系网，基本每个读者与读者之间都是有联系的，自己可以根据自己的交友原则，迅速快捷地建立起知识社区的社交网络。

（九）多样性知识源的聚合（RSS）

RSS 是 Really Simple Syndication 或 RDF（Resource Description Framework)Site Summary 或 Rich Site Summary 的缩写，中文称为"简易信息聚合"，也叫"聚合内容"或"真正简单的内容聚合"。作为描述同步网站内容的格式，它是一种基于 XML 标准的 Syndication 技术和在互联网上被广泛采用的内容包装和投递协议。但由于不同的组织对于 RSS 技术的标准不一，RSS 至今还没有一个统一的定义，也没有非常贴切的中文概念。

RSS 就是一种典型的信息聚合技术。它的发布端是信息的提供方，即 RSS 源，是互联网上各类提供 RSS 订阅功能的网站。接收端即用户，用户可根据需要，订阅多个信息来源，并通过 RSS 阅读软件对多个信息源进行分类管理，快速构建个人信息门户。因此它也被命名为"知识源"，其基本模块为用户提供了如天气预报、移动便签、日程安排、书签等服务，模块中的知识源不仅可以由用户根据自己的需求从图书馆定制或自行添加，同时还可以将已经添加的知识源在知识社区中进行共享。当用户有明确的学习目的但没有确定的学习内容时，知识源的交换与共享可以帮助用户提高学习效率。目前大多数期刊都提供 RSS 信息推送，读者选用这种方式订阅期刊发文的最新情况，在第一时间获得专业信息。

（十）联合开展阅读推广和其他主题活动

各成员馆可以联合开展主题书展、书评、新书通报、阅读辅导等读者阅读主题活动，开展学者讲座、文献利用培训、影视评介、书画展览等文化主题活动，持有服务共享"借阅证"的读者可免费参与。

第七章 图书馆信息服务及其建设

服务是图书馆的永恒主题，任何情况下都不能动摇和改变。由于当前的社会是一个信息社会，信息大量产生并成为有价值的东西，因此图书馆在开展服务工作时，必须重视信息服务工作。此外，随着互联网和信息技术的快速发展，网络信息资源得到了迅速增长，从而对图书馆的信息服务提出了新的要求。因此，图书馆在今后开展信息服务工作时，也要高度重视互联网时代图书馆信息服务的科学建设。

第一节 信息服务概述

在当前，随着科技的进步、计算机以及互联网的日益普及，信息的产生速度不断加快、产生数量不断增加，人们每时每刻都处于信息的包围之中。由于信息的大量且无序，人们在面对信息时会出现手足无措的情况。而要有效解决这一问题，最为重要的就是大力发展信息服务。

一、信息服务的含义

所谓信息服务，简单来说就是"对信息收集、加工、存储、传递和提供的社会化经营活动"。在开展这项活动时，必须以用户的信息需求为依据，并尽可能提供多样化的信息服务内容和形式，以获得用户的高度认可。

我国对信息服务予以了高度重视，在当前已经形成了一个多层次的，包括科技、经济、文化、新闻、管理等各类信息在内的，面向各类用户，以满足专业人员多方面信息需求为目标的社会服务网络。在今后，随着信息社会发展的不断深入，我国的信息服务还将得到进一步发展与完善。

二、信息服务的特征

对信息服务进行深入分析，可以发现其有以下几个鲜明的特征。

（一）社会性

信息服务的社会性特征，主要是通过以下几个方面表现出来的。

第一，信息的产生、传递与利用都是在社会中进行的。

第二，信息以及信息服务都有重要的社会价值，能够产生一定的社会效益。

第三，开展信息服务必须遵守一定的社会规范，如不能违反法律、不能有悖道德规范等。

（二）知识性

信息服务的知识性特征，主要是通过以下几个方面表现出来的。

第一，信息服务是一种知识密集性服务，即信息服务是以知识的获取与利用为前提的。

第二，信息服务的提供人员，必须具备良好的综合知识素质，以确保信息服务有效开展并取得良好的成效。

第三，信息服务的接受者即用户，只有具备相应的知识储备，才能达到用户知识与信息的匹配，继而对信息服务进行有效利用。

（三）指向性

任何信息服务都指向特定的用户和用户的信息活动，正因为如此才产生了信息服务的定向组织模式。因此，指向性是信息服务的一个重要特征。

（四）时效性

信息服务的核心资源是信息，而信息是有一定时效的。对于某一事件的信息，只有在及时使用的情况下才具有价值，过时的信息不再具有使用价值，甚至可能导致一些负面影响。因此，在开展信息服务时，要充分考虑到信息的时效性问题。

（五）关联性

信息服务的关联性特征指的是，信息服务与信息资源、信息用户之间有着必然的内在联系。正是三者的内在联系，使信息服务的组织有了基本的依据。

（六）公用性

面向大众的公共信息服务，可以同时为多个用户提供信息服务。因此，公用性也是信息服务的一个重要特征。不过，这并不意味着所有的信息服务都是公用性的，事实上也有一些信息服务机构是专门服务于单一用户的。

（七）控制性

信息服务的开展关系到社会的运行、管理和服务对象的利益，因而它要受国家政策的导向和法律的严格约束。也就是说，信息服务是一种置于社会控制之下的社会化服务，因而具有明显的控制性特征。

（八）主体性

信息服务的主体性特征指的是在开展信息服务时，必须充分考虑到用户的主体活动的内容、目标和任务。只有这样，所提供的信息服务才能真正对用户的主体活动有所帮助。

三、信息服务的内容

信息服务涵盖的内容是十分广泛的，其中较为重要的有以下几个。

（一）信息资源开发服务

对于信息服务来说，其最基本的一项工作便是信息资源开发服务。这项工作能够使原本看似没有价值或价值不大的原始资料在经过整理与加工后，产生更大的价值。因此，信息资源开发服务的开展，必须以对信息的搜集、加工、分析等为前提。

（二）信息传递与交流服务

信息的一个重要特征，便是可以进行传递与交流。在此影响下，世界各国便能同时分享科技发展所带来的胜利果实。如果信息不能进行传递与交流，则信息就失去了其存在的价值。因此，在开展信息服务时，信息传递与交流服务也是不可忽视的一项重要内容。

（三）信息加工与发布服务

在当前的信息社会，信息已成为最重要的资源之一。但是，随着信息产生和发展速度的不断加快，也不可避免地出现了信息泛滥现象，而且信息越多越泛滥。这就导致人们在信息的海洋中寻找所需的信息时，犹如大海捞针。要解决这一问题，一个有效的措施便是做好信息加工与发布服务，即对信息进行加工整理，并将加工后的信息予以及时发布，以便信息发挥出应有的作用。

（四）信息提供与利用服务

信息服务机构对信息进行了搜集、整理与加工后，最重要的目的是提供给用户使用。用户通过利用这些信息，可以有效解决自己在学习、工作与生活中遇到的问题，继而在推动社会发展和进步方面做出一定的贡献。

因此，信息提供与利用服务也是信息服务的一项重要内容。

（五）用户信息活动的组织与信息保障服务

信息用户在兴趣、爱好、受教育程度、知识结构、文化素养等方面存在较大的差异，因而其对信息进行把握与利用的能力也有很大不同。面对这一现实，信息服务机构在开展信息服务时，必须积极开展用户信息活动的组织和信息保障服务，以便有针对性地为用户提供信息，使用户能够更好、更准确地掌握与利用信息。

四、信息服务的类型

信息服务依据不同的标准可以划分为不同的类型，其中较为常见的分类方式有以下几个。

（一）以信息服务的手段为依据进行分类

以信息服务的手段为依据，可以将信息服务细分为以下两类。

1. 传统信息服务

所谓传统信息服务，就是通过信息人员的智力劳动所进行的信息服务。比如，利用书本式检索工具书提供检索服务。

2. 电子信息服务

所谓电子信息服务，就是借助于计算机和网络系统开展的信息服务。比如，向用户提供网络检索服务。

（二）以信息服务提供的文献信息加工深度为依据进行分类

以信息服务提供的文献信息加工深度为依据，可以将信息服务细分为以下几类。

1. 一次文献服务

所谓一次文献服务，就是向用户提供原始的文献或是其他的一手信息。

2. 二次文献服务

所谓二次文献服务，就是将原始文献信息搜集、整理、加工成反映其线索的目录、题录、文摘、索引等中间产物，从而向用户提供查找文献信息线索的一种服务。

3. 三次文献服务

所谓三次文献服务，就是对原始文献信息进行研究，向用户提供文献信息研究结果的一种服务。通常来说，文献评价服务、"综述文献"服务等都属于三次文献服务。

（三）以信息服务的能动性为依据进行分类

以信息服务的能动性为依据，可以将信息服务细分为以下两类。

第一，被动信息服务，即直接将收集到的、未加工的资料提供给用户。

第二，主动信息服务，即在对收集后的资料进行整理、分析后再提供给用户。

（四）以信息服务的内容为依据进行分类

以信息服务的内容为依据，可以将信息服务细分为以下几类。

第一，科技信息服务。

第二，经济信息服务。

第三，军事信息服务。

第四，技术信息服务。

第五，法规信息服务。

第六，流通信息服务。

需要注意的是，这些细分的信息服务具有鲜明的专业性特征，并且形式固定，需要按照用户的要求进行。

（五）以信息服务的方式为依据进行分类

以信息服务的方式为依据，可以将信息服务细分为以下几类。

第一，信息咨询服务。

第二，信息检索服务。

第三，宣传报道服务。

第四，专项委托服务。

第五，文献复制服务。

第六，文献借阅服务。

第七，文献代译服务。

（六）以信息服务对象的结构为依据进行分类

以信息服务对象的结构为依据，可以将信息服务细分为以下两类。

1. 单向信息服务

所谓单向信息服务，就是向单一用户所提供的信息服务。这一类信息服务具有较强的针对性。

2. 多向信息服务

所谓多向信息服务，就是面向众多用户，在一定范围内进行的信息服务。这一类信息服务相比单向信息服务来说，针对性并不是很强。

（七）以信息服务的时间长短为依据进行分类

以信息服务的时间长短为依据，可以将信息服务细分为以下两类。

第一，长期信息服务，即在较长的时期内为用户提供信息服务。

第二，即时信息服务，即只在较短的时期内为用户提供信息服务。

（八）以信息服务的范围为依据进行分类

以信息服务的范围为依据，可以将信息服务细分为以下两类。

第一，内部信息服务，如企业为其内部人员提供信息服务。

第二，外部信息服务，如企业为内部人员以外的其他人员提供信息服务。

（九）以信息服务是否收费为依据进行分类

以信息服务是否收费为依据，可以将信息服务细分为以下两类。

第一，有偿信息服务，即在为用户提供信息服务时，向其收取一定的费用。

第二，无偿信息服务，即在为用户提供信息服务时，不收取任何的费用。

五、信息服务的要求

信息服务机构在开展信息服务时，要想获得良好的成效，需要遵循以下几个方面的要求。

（一）要确保信息资源开发的广泛性

信息服务需要在充分开发信息资源的基础上进行，只有掌握了尽可能多的信息资源，才能确保向用户的提供的信息没有重大遗漏。因此，信息服务机构要高度重视信息资源的开发，并不断扩展信息资源开发的范围。

（二）要确保信息服务的准确性

对于信息服务来说，准确性是最基本的要求。不准确的信息对于用户而言，不仅毫无用处，而且会导致一些不良后果，如决策失误等。信息服务机构要确保所提供信息的准确性，应特别注意以下几个方面。

第一，在搜集信息时，要确保所搜集信息的准确性。

第二，在传递信息时，要避免出现失真现象。

第三，要准确地对信息进行分析与判断，以便能做出正确、可靠的结论。

（三）要确保信息服务的充分性

信息服务机构要确保信息服务的充分性，应特别注意以下两个方面。

第一，要在充分利用各种条件和一切可能的设备，组织用户服务工作。

第二，要充分掌握用户需求、工作情况及基本的信息条件，以确保所提供的信息范围适当、内容完整和对需求的满足充分。

（四）要确保信息服务的关键性

确保信息服务的关键性，也就是确保所提供的信息能够帮助用户有效地解决问题。要达到这一要求，信息服务机构应特别注意以下几个方面。

第一，要不断提高信息服务人员的业务素质。

第二，要注意在开展信息服务工作时，进一步加强对信息的分析与研究。

第三，要尽可能地开辟专项信息服务工作，以提高信息服务的专业性。

（五）要确保信息服务的及时性

信息服务机构要确保信息服务的及时性，应特别注意以下两个方面。

第一，接待用户和接受用户的服务课题要及时。

第二，所提供的信息要及时，应尽可能使用户以最快的速度得到他们所需要的最新信息。

（六）要确保信息服务收费的合理性

在当前，随着市场经济的深入发展，越来越多的信息无偿服务转向了有偿服务或部分有偿的服务。这就涉及信息服务的收费，即如何科学合理地确定信息服务的收费标准。就我国而言，在制定信息服务的收费标准时，既要充分考虑到国家的政策，也要充分考虑到我国人民的实际收入水平。

第二节 图书馆信息服务的发展与演变

图书馆是信息服务机构，其所有的活动都是围绕着为用户提供信息而进行的。不过，图书馆的信息服务并非一成不变的，而且会随着用户信息需求、信息服务环境等的变化而发生一定的改变。在本节中，将对图书馆信息服务发展与演变的相关内容进行详细论述。

一、图书馆信息服务发展与演变的原因

图书馆信息服务发展与演变的原因,具体来说有以下两个。

(一)信息服务的环境发生了变化

随着信息环境的改善和信息需求的不断增长,社会上各种信息服务机构和咨询机构如雨后春笋般涌现。这类信息服务机构不仅技术手段先进、服务方式灵活、业务工作富有特色,而且能主动调查了解用户的需求,并围绕经济建设和社会发展的热点、难点,提供科技、法律、市场、人才、决策等信息咨询服务,以有效满足用户的信息需求。相比之下,图书馆陈旧的服务观念,僵化的、浅层的文献服务与社会需求严重脱节,导致原有的用户逐步流失,图书馆的主导地位日益削弱,甚至生存也面临着严峻挑战。面对这一信息服务环境的改变,图书馆要想再次参与信息服务市场的竞争并在竞争中取胜,就必须对自己的信息服务进行改革与创新。

(二)用户的信息需求发生了变化

图书馆对用户的信息需求进行分析,可以确保自己所提供的信息服务更具针对性和有效性。而用户的信息需求处于不断的变动之中,因而图书馆信息服务也需要进行相应的改变。就当前而言,用户的信息需求无论是在广度上还是在深度上都发生了量和质的变化,他们不满足于图书馆提供的普通服务,希望从更加个性的服务中获得收益。总体来说,图书馆用户信息需求的变化呈现出以下几个鲜明的特点。

1. 用户信息需求的范围不断扩大

图书馆用户信息需求的范围,呈现出不断扩大的趋势。在传统的图书馆服务阶段,用户的信息需求主要是获得书目信息。而在当前,用户除了想获得书目信息,还想获得更为广泛的、形式多样的、内容全面的知识信息。

2. 用户信息需求的内容日益个性化

图书馆用户由于兴趣、爱好、专业、知识能力等各方面的差异,对信息内容的需求变得更加个性化,如有的用户希望迅速准确地找到信息,有的用户需要信息服务部门向其提供最新颖的信息等。

3. 用户信息需求的方式日益网络化

随着计算机的普及以及信息技术的发展,图书馆用户的信息需求方式

呈现出鲜明的网络化倾向，即希望可以利用图书馆的信息数据库以及信息检索方式等来获得自己所需的文献资料。

总的来说，图书馆必须以用户的信息需求实际为依据，对其信息服务进行一定的发展与完善。

二、图书馆信息服务发展与演变的阶段

（一）文献管理阶段

图书馆在20世纪50年代以前，将自身的角色定位为对人类的文明成果进行搜集、整理、收藏和传播，因而文献资源管理是其主要的存在方式和活动内容。

在这一阶段，图书馆的信息服务具有明显的手动性和个人性，即图书馆主要是以手工劳动和个人智力劳动的形式为用户提供服务。同时，这一时期的服务内容几乎都围绕着图书馆所收藏的文献，如馆藏文献的外借、阅览、复制、宣传报道、参考咨询、定题跟踪以及二次文献（如书目、索引、文摘等形式）服务。这样的图书馆信息服务注重的是文献的组织检索与传递，无法针对用户的多样化需求为其提供有针对性的服务。

（二）技术管理阶段

自20世纪50年代起，伴随着计算机技术的发展以及应用范围的不断扩大，信息服务发生了重大改变，即进入了以计算机为工具，以自动化信息处理及信息系统建造为主要内容的技术管理阶段。

在这一阶段，图书馆的信息服务用机器检索代替了手工操作文献，使得信息处理的效率大大提高，信息服务的空间和范围也得到了极大拓展，出现了基于网络的文献借阅服务、文献信息报道服务、数据库检索服务、参考咨询服务以及用户教育服务等。同时，图书馆在这一阶段的信息服务开始重视满足用户的多样化需求。不过，这一阶段的图书馆在顾及信息的高速处理、传播、利用和共享的同时，对于信息安全以及信息利益（如知识产权、信息成本等）则未引起足够重视。

（三）信息资源管理阶段

自20世纪70年代起，信息日益成为社会经济发展中最为重要的资源。在此影响下，信息资源管理的概念出现了。信息资源管理强调以网络为支撑平台，通过运用多种手段（如经济手段、技术手段、人文手段等）来构建一

种开放的学习和服务环境，形成以信息的获取、组织和提供为主要服务内容的综合信息服务模式，从而有效提高服务的效益。

在此影响下，图书馆日益重视对信息活动进行资源性质的服务和管理，强调信息服务成本效率的分析、信息资源的优化配置，并积极丰富图书馆信息服务的内容、开发图书馆信息服务的手段、提升图书馆信息服务的社会整体效益。

不过，信息资源管理仅仅关注显性知识的管理，忽略隐性知识的管理，没有把人脑中的"活知识"纳入开发、组织和管理的范畴，对学习和创造过程视而不见，对利用者需求信息的根本原因重视不够，不能实现全方位的信息管理和服务，未能将信息作为一种资产管理，忽视信息的增值问题。因此，这一阶段的图书馆信息服务还面临着不少的问题，如信息服务的内容不全面、信息知识的共享不全面等。

（四）知识管理阶段

自20世纪90年代中期以来，一种新的信息管理方式——知识管理出现了。知识管理重点关注思想、创新、关系及对新思想新观点的开放态度、行为模式、能力以及员工之间的交流协作，支持个人、团队和群体的学习，其核心是知识的创造、应用、学习、理解和协商。

知识管理的出现，使得知识成为图书馆的资本优势。图书馆越来越重视借助科学的知识组织手段来促进自身知识生产能力的提高，并有效地开发和管理隐性知识资源。与此同时，图书馆在开展信息服务工作时，日益重视以知识内容服务为中心，以知识管理为基础，以显性知识和隐性知识为管理对象，以信息析取、整合、序化、集成和知识组织、知识管理等为手段，面向用户的学习型的综合知识服务模式。这种图书馆信息服务模式的实现，需要充分借助于互联网以及信息技术，如新型检索技术、大型数据库技术、云存储技术、大数据分析技术等。

三、图书馆信息服务发展与演变的趋势

对图书馆信息服务发展与演变的阶段进行深入分析，可以发现其呈现出以下几个鲜明的发展与演变趋势。

（一）日益重视重新构建传统信息服务

图书馆在发展的过程中，为了有效应对环境的变化，越来越重视对传

统信息服务的组织与提供方式进行重新构建。比如，图书馆在开展服务工作的过程中，日益重视依据用户的类别来提供及时的、有针对性的信息服务；日益重视信息服务的集成性（如将信息的搜集、整理、分析、搜索、复制等多种服务有机融合在一起），等等。

（二）日益重视构建基于用户的信息服务机制

随着以人为本理念日益深入人心，图书馆在开展信息服务的过程中也日益重视以用户为中心，并积极探索如何构建基于用户的信息服务机制。比如，有些图书馆开始允许用户在对图书馆的文献资源进行检索和阅读的同时，对一些文献资源进行批注或是制作书签。

虽然到目前为止，图书馆基于用户的信息服务机制还处于不断的发展与完善之中，但其表明了图书馆在信息服务方面的重大变革，对于增强图书馆的吸引力和竞争力也有重要作用。

（三）日益重视拓展信息服务的内容

图书馆在发展的过程中，逐渐采取更为开放和主动的方式来应对信息环境的变化，努力在传统信息服务的基础上拓展新的信息服务内容，如开展信息素质教育、构建网络学习中心等。

（四）日益重视信息服务的集成化

信息服务的集成化可以说是未来图书馆信息服务发展的一个重要方向。它是一种建立在信息资源集成、用户需求变化及信息技术发展三位一体基础上的图书馆信息服务方式。

图书馆的集成信息服务，具体而言表现在以下两个方面。

第一，图书馆以信息资源共享的广泛集成为中心，将全球的 Web 数据库、学术期刊、商务信息等数字化资源集成到图书馆主页供用户使用。

第二，图书馆利用智能检索、远程提交、下载、BBS 和 Web Form 等为用户提供新型信息服务。

（五）日益重视个性化知识服务

图书馆相比其他的信息服务机构，有着明显的优势，如文献资源雄厚、文献保存率较高、服务人才整体素质较高等。因此，图书馆更能有效地进行信息开发。在这一过程中，图书馆十分注重信息资源的深加工和精处理，形成信息产品，通过信息咨询、产品展示等活动，推动科技成果走向市场，并转化为现实生产力。与此同时，图书馆所具有的优势有助于其突破时空界限，为社会提供多功能、全方位的服务，实现信息服务社会化，并真正实现全社会的信息资源共享。在此基础上，图书馆便能更有效地开展针对用户的个性化知识服务，如为用户提供完善自身知识结构的知识服务，为用户提供提高自身生活品质的知识服务等。

总之，个性化知识服务已成为当代图书馆信息服务发展不可逆转的趋势。为此，图书馆必须充分利用自身优势，对馆藏资源和网络资源进行深层次开发，去伪存真，对信息进行分析、综合、整序，将新的、序列化的知识单元提供给用户，满足用户多方位的需求。

（六）日益重视图书馆信息服务的创新性

图书馆要想在信息服务市场中始终占据一席之地，就必须重视对信息服务进行创新。因此，图书馆在未来的发展中，应抓住网络发展契机，大力倡导创新精神，形成创新共识和开创信息服务新局面的动力。同时，图书馆应及时把握信息服务的新特点，并以此为依据对自己的信息服务进行调整与创新，以便获得更多用户的认可，在信息服务市场占据重要的位置。

（七）日益重视信息服务的社区化

对于图书馆信息服务的未来发展而言，社区化也是不可避免的一种趋势。图书馆的信息人才、资源、技术较其他信息机构更具优势，完全可凭已建立的网络和信息资源保障体系，挖掘潜力，服务于社会，服务于社区。随着社会信息化程度不断提高，与城市生活息息相关的全方位信息需求日益增多。西方信息服务机构对此积极回应，使社区信息服务迅速发展。从内容和适应范围分析，图书馆信息服务要满足社区对"社会文化信息、实用性信息、特殊用户信息"的需求。社区信息需求说到底是对服务的需求，图书馆作为社会文化机构，必须要承担起满足社区信息需求的任务。

第三节 现代图书馆的信息服务手段与服务质量

21世纪是以信息和空间技术为支撑的全球经济时代，在这一时代，全球信息资源的开发和利用为人们认识信息资源提供了新的视角。在此影响下，现代图书馆不得不改变以往信息服务的手段，提高信息服务的质量，以便在为用户提供更好的信息服务的同时，促进图书馆充分发挥自己的作用。

一、现代图书馆的信息服务手段

图书馆信息服务工作顺利开展，必须以适宜的信息服务手段为基础。对现代图书馆来说，在开展信息服务工作时可以借助以下几个有效的手段。

（一）条形码技术

条形码技术是由不同宽度的明暗条相间组成的代码，通过条形码阅读器，可将这种特殊代码所包含的特定信息转换成有序的符号传送给计算机。

在图书馆的信息服务工作中，条形码技术具有输入方便快捷、使用寿命长等优点，因而是应用最早的信息服务手段之一，在提升图书借阅服务的速度和质量方面发挥了重要作用。在当前，条形码技术主要用于识别读者的借阅卡和图书、期刊。

（二）信息查询系统

传统图书馆在进行信息检索时，主要利用的是查找目录卡片的方式。这种信息检索方式不仅需要花费大量的人力，而且检索过程十分枯燥，读者也无法准确获得相关文献的借阅状态。如此一来，读者很难在较短的时间内获得自己所需要的知识。

与传统图书馆不同，现代图书馆在进行信息检索时，充分利用了现代信息技术和设备，从而建立起信息查询系统。该系统克服了传统目录卡片的缺点，检索方便，响应速度快，界面友好，检索入口多，可以满足不同用户的需求；允许读者在不同的终端进行查询，不再受时空的限制，为用户的查询提供了方便。

在现代图书馆中，信息查询系统的运用是极为普遍的，不仅大大节省了信息检索的时间，而且能让读者在检索信息时准确地得知自己所查询文献的借阅状态，并实现在线对文献的预约与续借。

（三）电子引导系统

传统图书馆的引导系统主要用的是手工标志牌，但手工标志牌只能传递有限的信息，因而并不能很好地发挥引导效果。同时，手工标志牌不能与读者互动进行信息交流，无法及时回应读者的疑问。因此，图书馆在发展的过程中，尝试构建一种新的引导系统，即电子引导系统。

电子引导系统以电子显示或语音方式向读者宣传、揭示图书馆的服务宗旨、服务内容、服务方式、机构设置和资源布局等，这既有助于读者获得准确、生动、鲜明的信息，也有助于及时回应读者遇到的问题或疑问。

（四）电子文献信息资源浏览系统

随着互联网时代的到来，现代图书馆越来越重视数字图书馆的建设，并积极尝试为读者提供直接的数字信息阅览环境。在此影响下，图书馆电子文献信息资源浏览系统产生了。

图书馆电子文献信息资源浏览系统的产生，使读者可以在图书馆设立的多媒体阅览室或利用个人终端进行光盘、数据库及网络浏览，包括本馆经数字化转化后的印刷本馆藏和电子出版物，也包括通过图书馆主页链接而获取的国内外书目、索引、文摘类文献和各种在网上订购或免费查询的资料库、电子期刊、电子报纸及多媒体电子出版物等。

（五）新的信息传递手段

对于传统图书馆来说，其主要是通过面对面的方式与读者进行信息交流。也就是说，读者只有亲自到图书馆，才能向图书馆提出服务请求，继而从图书馆获取所需的文献。这种信息传递手段不仅效率低，而且无法对读者提供更具针对性的服务。于是，现代图书馆在发展的过程中，开始探索新的信息传递手段，即利用现代信息技术进行信息传递。比如，读者可以电子邮件的形式向图书馆提出查询、借阅等请求，而图书馆在接到请求后，可通过传真、邮递等方式向读者提供有纸全文服务或通过网络直接传递数字信息。

（六）读者数据库

现代图书馆在开展信息服务时，建立读者数据库也是一种常用的手段。现代图书馆以读者的个人特征和信息需求为依据建立的读者数据库，有助于为读者提供高质量的信息服务。

具体来说，现代图书馆借助于读者数据库，可以为读者提供定制化数字信息服务，即根据读者开始设定所需信息的范围和特征，将定制信息源源不断地通过 Web 自动传递到用户；利用网络开展最新期刊目次通告服务，根据读者专题研究需要，以电子邮件方式将信息发送到读者的电子信箱内。

二、现代图书馆的信息服务质量

现代图书馆要想在激烈的信息服务市场竞争中始终占据有利的位置，就必须重视提高自己的信息服务质量。

（一）现代图书馆信息服务质量的特性

现代图书馆信息服务质量的特性，具体来说有以下几个。

1. 功能性

现代图书馆信息服务质量的功能性，指的是图书馆在为读者提供信息服务时，是否有效满足读者的信息需求。只有有效满足了读者的信息需求，现代图书馆的信息服务才能有较高的质量。

2. 时效性

现代图书馆信息服务质量的时效性，指的是图书馆在为读者提供信息服务时，是否及时满足读者的信息需求。只有及时满足了读者的信息需求，现代图书馆的信息服务才能有较高的质量。

这里所说的现代图书馆信息服务质量的时效性，具体包括以下两个方面的内容。

第一，现代图书馆为读者提供的信息是否及时。

第二，现代图书馆的服务效率是否获得了读者的认可。

3. 安全性

现代图书馆信息服务质量的安全性，指的是图书馆在为读者提供信息服务时，是否能确保读者的人身、财物受到保障。对读者人身、财物的保障质量越高，表明现代图书馆的信息服务质量越高。

4. 经济性

现代图书馆信息服务质量的经济性，指的是图书馆在为读者提供信息服务时，是否能确保读者所付出的代价是合理的。通常读者在接受信息服务时所付出的代价越合理，表明现代图书馆的信息服务质量越高。

5. 文明性

现代图书馆信息服务质量的文明性，指的是图书馆在为读者提供信息服务时，是否能为读者创造一个和谐友好的氛围。只有积极创造和谐友好的读者氛围，现代图书馆的信息服务才能有较高的质量。

6. 舒适性

现代图书馆信息服务质量的舒适性，指的是图书馆在为读者提供信息服务时，是否能保证服务环境安静整洁和各种服务设施方便使用。只有重视服务环境的构建，确保各种服务设施能被读者有效使用，现代图书馆信息服务才能获得较高的质量。

(二)现代图书馆信息服务质量的影响因素

现代图书馆的信息服务质量会受到多方面因素的影响,其中较为重要的有以下几个。

1. 现代图书馆的管理机制

现代图书馆在开展各项工作时,要想取得良好的成效,必须在科学、合理的管理机制下有序进行。这就决定了现代图书馆要想顺利地开展信息服务工作,不断提高信息服务的质量,就必须以自身的实际情况为依据,构建合理的管理机制。

2. 现代图书馆拥有的信息资源

现代图书馆的用户是由各种不同层次的用户群组成的,而他们在信息需求范围、需求专业、需求程度以及需求心理、需求动机、需求兴趣等方面会有较大的差异,因此不同的用户要求使用的资源是不同的。因此,现代图书馆要想提高信息服务的质量,必须拥有丰富的信息资源,以有效满足用户的信息需求。

3. 现代图书馆馆员的综合素质

现代图书馆的信息服务质量,与图书馆馆员的综合素质有着极为密切的关系。也就是说,现代图书馆要想开展高质量的信息服务,必须培养和拥有一批综合素质较高的专门人才。

图书馆馆员是图书馆的基本细胞,因此,现代图书馆在发展的过程中,要想不断提高自己的信息服务质量,就必须建立一支思想好、知识结构合理、精通业务、具有敏锐的情报意识、勇于开拓进取、具有较高外语水平和计算机应用能力的高素质复合型人才队伍,以便能够为用户提供深层次、高水平的信息服务。

4. 现代图书馆拥有的技术手段

现代图书馆要想为用户提供高质量的信息服务,必须依靠先进的计算机技术、网络通信技术、信息技术等的全方位支持。也就是说,现代图书馆拥有的技术手段也是影响其信息服务质量的一个重要因素。

(三)现代图书馆信息服务质量的测评

现代图书馆信息服务质量的测评,对于明确现代图书馆信息服务的实际情况具有重要的作用。而在对现代图书馆的信息服务质量进行测评时，最重要的方法是对现代图书馆的信息服务绩效进行测量。

信息服务绩效是现代图书馆实际提供的服务质量，主要包括两个方面的内容。一是技术质量(取决于信息服务产出或结果)，即读者通过接受现代图书馆的信息服务，究竟得到了什么，也就是服务的结果。一般来说，技术质量可以通过某些指标来衡量，如读者到图书馆查阅资料，查到的结果专指度如何，是否符合自己所需。二是功能质量(形成于信息服务过程)，即读者是如何得到信息服务的，也就是现代图书馆信息服务的过程。一般来说，功能质量往往只是读者在接受服务过程中的主观感受，如工作人员的态度如何、图书馆的环境设施如何等。读者对信息服务的技术质量和功能质量都很重视，两者合在一起，形成了读者对现代图书馆信息服务质量的评价。

此外，在对现代图书馆开展信息服务绩效测量时，可以综合运用以下几种形式。

第一，过程测量，指对现代图书馆的工作过程和服务过程进行评价。这里所说的"过程"，包括为内部用户提供产品和服务的过程以及为外部用户提供产出的过程。对现代图书馆的工作过程和服务过程进行测量，旨在防患于未然，消除服务质量的隐患。

第二，产出测量，即是对现代图书馆为外部用户和内部用户所提供的信息产品或服务的数量及质量进行评估。产出测量通过把所提供的信息产品或服务与用户的需求进行比较，找出问题和差距。

第三，结果测量。与前两者相比，结果测量有更大的难度，因为它要评价现代图书馆所提供的信息产品和服务对用户的影响程度。

第四节 互联网时代的图书馆信息服务

随着互联网的迅速发展，信息资源越来越丰富，人们的阅读需求、阅读方式以及获取信息的渠道等也都变得多样化。在这一形势下，用户对图书馆的信息服务提出了更高的要求，要求图书馆对自己的信息服务体系进行优化与完善。

一、互联网时代图书馆信息服务的现状

随着信息技术的飞速发展与网络技术环境的逐渐完善，互联网在人们的生活中显得越来越重要，已成为信息知识的主要载体，人们对信息知识的获取也更多地倾向于互联网，信息知识正处于由实体、静态到虚拟、动态的转变过程中。这促使图书馆不得不改变其信息服务方式，即推动信息服务方式逐步向移动化、智能化和多元化发展。

对互联网时代图书馆信息服务的发展现状进行分析可以发现，当前的图书馆日益重视对其原有的信息服务内容进行拓展，重构信息服务模式，将图书馆的信息服务与社会各行各业相融合，通过开展多元化合作，拓展信息服务内容，扩大信息服务的范围，改变信息的存放，提高信息的利用率，也巩固图书馆在社会公共文化服务体系中的地位与作用。

二、互联网时代图书馆信息服务的类型

互联网时代图书馆的信息服务，既包括文献检索服务、信息参考咨询服务、用户教育传统的信息服务类型，也包括以下几个新的信息服务类型。

（一）网络信息服务

所谓网络信息服务，就是图书馆通过国际互联网络向用户提供各种各样的服务。就当前来说，图书馆的网络信息服务涉及的范围是十分广泛的，有图书馆电子公告、图书馆书目的网络导航、图书馆在线书目查询、图书馆微信平台、移动图书馆等。

（二）网络检索查询服务

在互联网时代，网络信息资源纷繁复杂，信息流量巨大并且流速不断加快，这给人们检索信息带来了一定的困难。为了帮助用户更好、更快、更有针对性地查询自己所需的信息，图书馆必须提供专门的网络检索查询服务，如为用户开展各类数据库系统的信息检索、通过图书馆内部局域网为信息用户提供数据库检索服务等。

（三）网络文献传递服务

互联网时代图书馆的网络文献传递服务指的是，当用户需要索取文献信息时，只需向图书馆发一封电子邮件就可获得相应的服务。图书馆接收到电子请求后，将各种文献信息以数字形式通过网络传递给用户。

（四）远程咨询服务

对于互联网时代的图书馆来说，远程咨询服务将成为其信息服务的一项重要内容。采用这种信息服务方式，图书馆员可以与读者在网上互相交流，通过网络为读者提供咨询、信息反馈等。

（五）网上教学服务

网上教学服务也是现代图书馆信息服务的一个重要类型，即现代图书馆要利用其网络信息资源，就必须开展各种形式的读者教育和培训，让用户了解、认识图书馆所能提供的各种信息服务，同时向用户介绍网络数据库、检索系统、检索工具的使用方法，检索网络信息资源的途径以及选择、评价网络信息资源的常用手段，以增强用户的信息意识，培养用户的信息素养。

就当前来说，网络课堂、在线讲座等是互联网时代图书馆开展网上教学服务的主要形式。

三、基于 Web 3.0 的个性化服务模式创新

（一）Web 3.0 个性化信息服务特征

Web 2.0 模式下的图书馆信息服务最显著的特点是信息共享、信息整合和信息服务平台的构筑和开放。Web 3.0 是对 Web 2.0 的继承和突破，是在 Web 2.0 的基础上的进一步延伸，是通过更加简洁的方式为用户提供更为个性化的互联网信息资定制的一种技术整合。在 Web 3.0 时代，信息服务平台的构筑已不是人类信息交流机制的主要内容，而是在这个平台基础上深入开发和实现人类社会基于个性化需求的信息最优聚合的问题。Web 3.0 个性化信息服务具有以下特征：

第一，注重用户操作的可控性。用户范围没有局限，也没有人为的信息交流障碍，用户有可以选择性地操控信息和实现自我的权利和条件。

第二，深度的个性化体验。Web 3.0 用户可以依据自己的个性需求和习惯使用互联网络，互联网用户对 Web 的体验正在由传统的点击、单向、视听体验进入全新的多媒介、多通道、满足生理愉悦的体验时代。

第三，网络设备和应用程序高度兼容和互通。

第四，网络智能化。体现在与对人类语音、语义的理解以及计算机网络设备跟人类的双向对话，实现现实人与虚拟生活的双向交流以及网络面向个人需求进行的自动过滤和自动清洁网络垃圾的功能。

第五，用户 Web 数据私有，体现个人价值。Web 3.0 将更加凸显互联网用户个人数据的管理、价值的体现和用户数据的独立性，激发用户参与、体验的乐趣和积极性。

第六，网站间信息的直接交互和聚合。

（二）Web 3.0 个性化信息服务内容

图书馆个性化信息服务是图书馆以其强大的海量资源存储优势，面向用户提供满足其个性化需求的服务。图书馆个性化信息服务具有主动式服务、针对性服务和被动的积极响应等特征。

"针对性服务"是图书馆个性化信息服务最主要的组成部分和工作内容，即针对用户的需求特性主动或自动进行用户资料的搜集和分析，建立用户资料数据库，定期或不定期地向用户提供差别性的服务，为用户制定不同的服务策略，提供不同的服务内容。图书馆"被动地积极响应"其实是图书馆主动式服务理念的延伸，是在其理念指导之下的图书馆活动的具体实践。

Web 3.0 是图书馆个性化信息服务的新一代网络环境，也是图书馆用来深层次满足个性化信息用户需求的工具，主要体现在图书馆个性化的实时信息服务、多样化的服务方式和服务内容的精准响应等几个方面。①实时信息服务是图书馆满足个性化服务的跨时空体现。利用 Web 3.0 信息接收终端的普适性特征，实现各种应用的电子设备的互联互通和信息实时接收功能，实现图书馆与用户的无缝对接，实时解决图书馆用户的信息需求，解决了图书馆和用户服务与需求双方跨时空的联络，让用户充分享受到图书馆无处不在的便利，是一种人类信息交流的社会机制变革的有益尝试。②图书馆信息服务方式的多样化是图书馆个性化信息服务的外在特征的一个体现。丰富的个性化信息服务的形式能够满足用户个性化需求，有利于营造良好的信息环境，将图书馆与其外在的社会空间融为一体。③提供精准的信息资源内容是图书馆个性化用户对图书馆信息资源服务的主观需求，也是图书馆个性化服务的一个重要体现。这要求图书馆针对服务个体以细化的、高质量地提供个性化的服务内容。

（三）Web 3.0 个性化信息服务模式

图书馆个性化信息服务模式是以个性化信息服务系统为平台，以满足用户个性化信息需求为目标，在个性化信息服务活动中调整和组合各服务要素而形成的一种工作模式。图书馆个性化信息服务的根本目的在于通过特定的服务方式，根据信息用户的专业化、个性化需求，为信息用户提供适当的、有针对性的、独特的信息服务。

目前，已经出现了各式各样的图书馆信息服务模式，如信息推送模式、门户模式、智能代理模式、呼叫中心模式等。

1. 信息推送模式

是图书馆通过对用户动态的跟踪和需求分析，推测用户潜在的信息需求，针对潜在的用户或潜在的需求方向，向其传递经过加工的信息。Web 3.0 环境下的图书馆个性化的信息推送服务更强调对用户数据的自动而智能的搜集和分析，注重预测的准确性和科学性，以保证有针对性地提供所需信息，保证推送服务的效果，体现图书馆个性化服务的技术优势。

2. 门户模式

是在图书馆个性化信息服务实践中成功开发并广为使用的一种模式。比较有代表性的是 My Library 的研发和推广使用。在 Web 3.0 网络实践中，这种信息服务模式将更加深化，更注重用户操作的自主性、用户资料的智能追踪和判断并主动提供使用的策略和服务内容。对广大的科研院所、高校等传统用户而言，这种模式将会是一种普遍采用的服务模式。

3. 智能代理模式

是 Web 3.0 阶段的图书馆信息服务深入开发和应用的一种模式，是围绕着用户个性化信息需求的满足进行的开发。

4. 呼叫中心模式

是将图书馆信息服务与"114"等寻呼台的信息服务在业务领域和服务内容、体制机制进行整合而形成的一种图书馆。在 Web 3.0 网络环境下致力于个性化信息服务的新的实践形式。

5. 虚拟 3D 图书馆模式

指图书馆的各个服务功能和组成部分以 3D 动画的效果呈献和展示给用户个体，用户以虚拟身份获得真实的图书馆信息服务效果的一种服务模式。图书馆建立这种模式对用户的信息需求的满足是一种心理、生理、感官等全新的释放。这种模式也集中体现了未来 Web 3.0 网络环境下的图书馆信息服务典型特征。

参考文献

[1] 王蕴慧，张秀菊. 公共图书馆的服务体系建设与创新 [M]. 北京：中国纺织出版社，2021.12.

[2] 许莉. 公共图书馆古旧文献管理与服务 [M]. 长沙：湖南大学出版社，2021.08.

[3] 徐益波. 公共图书馆信用服务的宁波实践 [M]. 天津：天津大学出版社，2021.11.

[4] 易斌. 政府购买公共图书馆运营服务研究 [M]. 北京：知识产权出版社，2021.09.

[5] 广州图书馆，中山大学国家文化遗产与文化发展研究院. 公共图书馆服务创新战略研究报告 [M]. 北京：国家图书馆出版社，2021.11.

[6] 宋文秀. 公共图书馆资源建设与服务创新研究 [M]. 成都：成都时代出版社，2021.08.

[7] 李一男. 现代公共图书馆资源建设与服务的多维透视 [M]. 长春：吉林大学出版社，2021.07.

[8] 王翩然. 图书情报与档案管理博士文库 学龄前儿童视角下的公共图书馆儿童服务 [M]. 北京：国家图书馆出版社，2021.10.

[9] 刘显世. 山东省公共图书馆全民阅读服务大数据 2019-2020[M]. 山东人民出版社，2021.11.

[10] 付立宏. 数字时代图书馆学情报学研究论丛 公共图书馆用户权利义务规范配置研究 [M]. 武汉：武汉大学出版社，2021.11.

[11] 傅春平. 公共图书馆智慧服务的探索与实践：以深圳市福田区总分馆为例 [M]. 广州：世界图书出版广东有限公司，2020.10.

[12] 冀萌萌，张瑞卿，崔佳音. 文化自信背景下我国图书馆的公共教育

服务探索[M].赤峰：内蒙古科学技术出版社，2020.06.

[13]郑辉，赵晓丹著.现代公共图书馆智慧服务平台建构研究[M].长春：吉林人民出版社，2020.12.

[14]王晓柏.公共图书馆服务与管理[M].长春吉林出版集团股份有限公司，2020.08.

[15]王晓芳著.公共图书馆服务体系建设研究[M].哈尔滨：黑龙江人民出版社，2020.09.

[16]孙桂梅，刘惠兰，王显运.图书馆管理与服务创新研究[M].北京：现代出版社，2019.05.

[17]浦绍鑫.现代公共图书馆资源建设与服务[M].北京：光明日报出版社，2016.08.

[18]陈晓秦.公共图书馆服务体系发展中资源应用与推广研究[M].哈尔滨：东北林业大学出版社，2020.10.

[19]孙鸿鹤.黑龙江省公共图书馆服务体系建设机制研究[M].哈尔滨黑龙江大学出版社，2020.09.

[20]黄小平.公共图书馆社区服务[M].北京：国家图书馆出版社，2020.04.

[21]刘月学，吴凡，高音.图书馆服务与服务体系研究[M].咸阳：西北农林科技大学出版社，2018.08.

[22]于文彬.公共图书馆智慧服务研究[M].哈尔滨：北方文艺出版社，2020.10.

[23]张洪升，付国帅，张正伟著.公共图书馆资源建设与服务研究[M].北京：新华出版社，2018.03.

[24]谭发祥.公共图书馆的法定职责与创新服务[M].北京：中国纺织出版社，2020.10.

[25]高校图书馆与公共文化服务探索研究[M].哈尔滨：哈尔滨出版社，2020.08.

[26]王丽芹.公共文化服务体系下图书馆服务与管理[M].沈阳：沈阳出版社，2020.09.

[27]李正祥，黄诗莹.东莞市图书馆公共服务体系建设研究项目优秀成

果汇编 2018-2020[M]. 东莞东莞图书馆, 2020.

[28] 段宇锋, 金晓明. 中国公共图书馆创新案例 [M]. 上海：上海交通大学出版社, 2020.

[29] 王世伟. 面向未来的公共图书馆问学问道 [M]. 上海：上海社会科学院出版社, 2020.